U0744830

本书是作者主持的全国教育科学"十三五"规划2018年度教育部重点课题资助

新生代农民工市民化的终身职业教育体系研究

杜启平　著

南海出版公司

·海口·

图书在版编目（CIP）数据

新生代农民工市民化的终身职业教育体系研究 / 杜启平著. -- 海口：南海出版公司，2020.11（2021.7重印）

ISBN 978-7-5442-8726-5

Ⅰ.①新… Ⅱ.①杜… Ⅲ.①民工—职业教育—研究—中国 Ⅳ.①D422.63②G719.2

中国版本图书馆CIP数据核字（2020）第200967号

XINSHENGDAI NONGMINGONG SHIMINHUA DE ZHONGSHENG ZHIYE JIAOYU TIXI YANJIU

新生代农民工市民化的终身职业教育体系研究

作　　者　杜启平

责任编辑　孙翠萍

出版发行　南海出版公司　电话：(0898)66568511(出版)　65350227(发行)

社　　址　海南省海口市海秀中路51号星华大厦五楼　邮编：570206

电子信箱　nhpublishing@163.com

经　　销　新华书店

印　　刷　三河市金泰源印务有限公司

开　　本　787毫米×1092毫米　1/16

印　　张　13.25

字　　数　200千

版　　次　2020年11月第1版　2021年7月第2次印刷

书　　号　ISBN 978-7-5442-8726-5

定　　价　68.00元

序

　　全面推进乡村振兴以实现城乡融合发展是中国第二个百年战略目标实现的重要前提。作为城乡流动人口的主力军和生力军，新生代农民工的市民化不仅关系到新发展格局构建中劳动者素质的提升和社会稳定，关系到乡村振兴战略中的人力资源支撑，而且决定着全面小康社会的成果能否巩固，决定着城乡融合发展的全面现代化能否顺利推进。而城乡融合发展的先锋主体是农民工，农民工的有效市民化是实现城乡融合发展的保障，农民工终生职业教育素质提升是其市民化的核心问题。

　　中国农民工到城市创业、就业、从改革开放初期的就地就近就业，到20世纪90年代的进城务工经商，逐渐扩大着流动的范围和发展的空间。随着城镇化不断加快，农民工问题进入"提升技能、融入城市"的市民化新阶段。在城市产业结构调整、农民工悄然发生就业转型的今天，农民工的教育培训成为当前中国能否能实现乡村振兴的主体保障。当第一代农民工带着泥土气息走出乡村在城市打拼到老后，大多已经完成了他们那个时代的历史使命，退休回家养老带孙子了。第一代农民工文化程度相对较低，工作技术性不强，主要是做体力活，从事最重、最脏、最累的劳动。在当下，第一代农民工的下一代——新生代农民工已经成为了农民工群体的主要力量。根据第七次全国人口普查，2020年的流动人口规模高达近3.8亿人，与2010年相比较大幅增加了1.5亿人，表明流动人口的增长速度在加快。有关统计数据显示，目前中国新生代农民工已经占农民工总量的50.5%，其中1980年及以后出生的逐渐成为了农民工的主体。新生代农民工继承父业在城市打拼了大半辈子，但是大部分仍然游离于城市的边缘，他们的市民化一直是社会关注的热点问题。

目前以土地和空间为主的城镇化正迈向以人为本的新型城镇化，新生代农民工随之从外生性市民化渐入内生性市民化为主的发展阶段，内生性市民化是以市民化能力可持续性提升为主导的，其关键在于人力资本和社会资本不断累积的过程，而这些提升源于自我不断教育培训及与市民的贝叶斯学习效应。新生代农民工要深度融入城市，素质和职业技能必须与城市的需求相匹配。因此，建立新生代农民工市民化的终身职业教育体系，缓解现有教育培训政策的短期零散供给与新生代农民工长久自我发展的需求矛盾，是当前乡村振兴城乡融合发展的重大问题，也是破解新生代农民工城市化问题的钥匙，迫切需要重新审视和深入研究。城乡人口流动的原动力和市民化问题的本质是教育问题，与成人技能素养契合度最高的职业教育就成为他们的现实需要和实现城乡人力资源融合发展的必由之路，构建新生代农民工终身职业教育体系是解决其内生性市民化和流动性再社会化的必然选择。

杜启平的著作《新生代农民工市民化的终身职业教育体系研究》，根据新生代农民工特别是"千禧一代"的个性特征和教育发展新需求，整理归纳了新生代农民工职业教育政策和现状，深入探讨了农村流动人口的政策双向效率，分析了内生性市民化的关键要素，通过借鉴国际劳动力职业教育培训典型做法和经验积累，重点探讨了构建以政府统筹协调为核心，以教育机构（以职业院校为主体）、经济组织和社区（村民）组织为主的"四位一体"终身职业教育服务体系，实施新生代农民工自我内生发展的运行、激励和保障机制，形成动态、开放、终身导向的职业教育学习体系，以可持续性能力与素养全面提升为核心，有效提升农村人口的终身人力资本，有力推动人本城镇化和乡村人才兴旺。新生代农民工市民化的终身职业教育体系研究，不仅有助于以职业院校学历教育为主的管理部门和以技工教育及技能培训为主的管理部门统筹创新协同，而且能够更好地促进终身职业教育供给主体在生源学习管理、人才培养、社会教学等方面创新完善内部功能，为乡村人才振兴的终身职业教育层面提供有价值的参考，为城乡融合发展中政府探索内生主导外生推动市民化方面提供决策咨询和理论支撑。

根据习近平总书记关于推动乡村人才振兴的要求，要把人力资本开发放在首要位置。乡村人才不仅仅是指留在乡村从事农业产业的人才，而且包括乡村的所有人才，当然也包括能够"走南闯北"的新生代农民工。乡村人才振兴不是都回到乡村定居，能到城市发展的也是乡村的人才振兴。只要在乡能农、外出能工的人就是人才，就能为乡村振兴集聚资源、增添正能量。新生代农民工不仅是新型城镇化中市民化的主体，也是返乡回乡创业的主要力量。构建新生代农民工市民化的终身职业教育体系，是为乡村振兴培育人才的有效途径，是推进城乡融合发展的战略之举。《新生代农民工市民化的终身职业教育体系研究》是一种理论探索，也为农民工研究做出了理论创新。

陈文胜

2021 年 6 月 26 日

前　言

党的十六大首次提出"统筹城乡经济社会发展",而后在党的十七届三中全会上提出"把加快形成城乡经济社会发展一体化新格局作为根本要求",再到党的十九大提出"建立健全城乡融合发展体制机制和政策体系",城乡发展之路从统筹到一体化再到融合,演绎了农村人口的流动规律和政策转变的时代进程,是城乡发展关系不断深化的充分体现。当前,以土地和空间为主的城镇化正迈向以人为本的新型城镇化,新生代农民工市民化也相应地从外部市民化发展到以内生性市民化为主的重要时期,内生性市民化关键在于市民化能力的持续提升,核心是人力资本和社会资本的不断累积的过程,而人力资本的提升源于自我不断学习及终身职业教育效应。党的十九大报告特别要求"破除妨碍劳动力、人才社会性流动的体制机制弊端,使人人都有通过辛勤劳动实现自身发展的机会",因此,研究新生代农民工市民化的终身职业教育具有鲜明时代意义。

诚然,融入城市成为新市民将是一个长期的,甚至是延续终身的再社会化过程,在这一过程中,新生代农民工不仅需要提高自身的职业技能与文化素养,还需改变原有的生活方式、社会交往方式、价值观念等,以适应城市生活,这将是一个全方位的转变过程,是一种面向未来的、以变革为目的的"创新性学习"过程,新生代农民工所需的是终身的、全面的教育,这是当前职业教育发展的优势所在。终身职业教育就是把劳动所体现的各种社会价值统一于个人的人格价值的结构之中,使劳动因为人人享有而富有意义,并且使人得到满足。终身职业教育与过去的职业教育主要的区别在于:它不仅仅局限于学校教育,而是与所有教育机构相关联,和经济社会相协作,其目的是使所有受教育的人都热爱工作,都能持续不断获得劳动技能，从而找到他感到有意义的和使自己满足的工作。

本书是作者主持的全国教育科学"十三五"规划，获2018年度教育部重点资助课题《新生代农民工市民化的终身职业教育体系研究》（批准号DJA180330）综合性研究成果，根据新生代农民工特别是"千禧一代"的个性特征和教育发展新需求，整理归纳新生代农民工职业教育政策和现状，分析内生性市民化的关键要素，借鉴国际劳动力职业教育培训典型做法，构建"四位一体"的终身职业教育服务体系，实施自我内生发展的运行、激励和保障机制，形成动态、开放、终身导向的职业教育学习体系，全面系统提升新生代农民工市民化的内能效应。教育尤其是职业教育要主动适应城镇化发展并为新生代农民工市民化发挥应有的功能，在分析职业教育作用机理基础上提出改善措施，突破原有制度安排、外部基础等的"外能"，更重要的是依靠新生代农民工自身综合素质和市民化的内在要求，即依靠自身"自能"，只有实现"自能"才能有效地实现从农民向市民的转化。发展终身学习理念下现代职业教育理论研究上学术创新的目标，促进终身职业教育供给主体在生源学习管理、人才培养、社会教学等方面创新完善内部功能，为城乡融合发展中政府探索内生主导外生推动的市民化方面提供决策咨询。

本书在撰写过程中得到了学校及科研处、政府相关部门、教育科学规划管理部门、相关企业的大力支持，感谢专家指导和同行帮助。对于借鉴参考文献的学者一并表示感谢。由于水平有限，书中也存在一些疏漏和不完善的论述，期待各位批评指正。

最后要感谢出版社相关同志积极认真的工作态度和辛勤劳动！

目　录

第一章 绪 论

第一节 研究的背景及意义

一、研究背景

随着全面建设小康社会的深入推进和现代化发展战略的稳步实施，未来中国新型城镇化主要动力来自农业人口市民化。国家统计局的数据显示，2018年末常住人口城镇化率为59.58%，比上年末提高1.06个百分点；户籍人口城镇化率为43.37%，提高1.02个百分点；预计到2020年，中国城镇化率会达到60%左右，到2030年会达到70%左右。到2017年底，外出打工农民工总量已经超过了2.7亿人，这是一个巨大的人口转移量。大量农民工进入城镇，进而成为新市民，不仅有利于新型城镇化战略的实施，也使得中国脱贫进程对世界脱贫作出了重大的贡献。新生代农民工是推进城镇化的生力军，新生代农民工的流动是一种发展性的流动，只有给予进城流动的新生代农民工同等待遇，全面实施人口智慧城镇化，才是城镇化可持续性发展的重要保证。只有连续地提升新生代农民工的文化与技能素质，不断增强其城市生存能力和全面的市民化能力，才是解决农民工经济待遇和社会地位低端化困境的主要途径。因此，要解决人口城镇化滞后于土地城镇化的矛盾，实施人的市民化，必须反思当前新生代农民工教育培训问题，思考一种基于终身生涯的教育培训体系，才能使他们自身的素质技能配备符合现代化的市场需求，符合个人生涯的全面发展。

不言而喻，新型城镇化建设的核心是"人"的市民化，以新生代农民工为主力军的市民化不单是户籍和空间转移，更是终身职业转型和可持续发展的漫长过程。市民化问题的本质是教育问题，与农民工技术技能教育培训契合度最高的职业教育就成为市民化进程的现实需要和必由之路，而现有职业教育培训短期零散供给与他们长期发展需求矛盾尤为突出，因此，当前对新生代农民工市民化的终身职业教育体系研究是解决其内生性市民化和再社会化的必然选择；《国家中长期教育改革和发展规划纲要（2010—2020年）》《关于加快发展现代职业教育的决定》等都明确要构建体现终身教育理念、中等和高等职业教育协调发展的现代职业教育体系，十九大报告指出要完善职业教育和培训体系，建设学习型社会，现有研究是支撑国家现代职业教育体系政策的实践要求，具有迫切而重要的价值。

二、研究意义

毋庸置疑，在我国农村剩余劳动力转移过程中，从农民到城市农民工的过程已无障碍，大批农民已经或正在成为转移农民工，但从转移新生代农民工到市民身份、角色的转变依然举步维艰。作为一种与社会经济发展联系最为紧密、与人的职业发展和生存生活关联最为直接的教育类型，现代职业教育必须有能力在有效推进新生代农民工市民化方面作出应有的贡献。对现代职业教育与新生代农民工市民化作用机理与改善措施的研究，从新生代农民工一生发展角度出发，通过终身职业教育全面提升市民化的可持续性发展能力，不仅在理论上丰富现代职业教育和农民工市民化内涵，而且为新生代农民工市民化路径方面提供理论参考和实践探索价值。

（一）理论意义

1. 有助于探究终身职业教育理论分析框架。终身职业教育是统合各种教育和培训的全面、持续、崭新的经验模式，它旨在将职业教育贯穿于人生的不同阶段，使人的职业发展成为一个有机的整体。终身职业教育体系在时间和空间方面贯穿着所有教育阶段和架构，其主要特征是在时间、空间和学习类型上具有相当的灵活性。在纵向上，它表现为职业教育的连续性和一贯性，强调学前教育、学校教育、学校后教育以及老年教育相结合，强调职业教育在组织和内容上的一体化；在横向上，它打破各类教育相互分离的状态，实现职业教育和普通教育相互沟通和渗透，正规教育与非正规教育相互补充，学校教育、企业培训及社会教育相互结合。市民化是一个长期动态发展过程，调查分析新生代农民工市民化过程中终身职业教育的供给和需求，并深入分析对市民化的影响，从而构建终身职业教育体系和运行保障机制的理论框架。

2. 有助于丰富现代职业教育体系理论基础。随着经济社会发展职业教育面临着向现代转型的问题，从而获取新的发展机遇和动力。在职业教育现代转型过程中，主要从三个方面来实现自我丰富和发展理论基础：第一，通过改善、拓展职业教育功能等内在结构，发挥新的时代价值，从而提升职业教育的现实地位，成为促进我国社会发展的重要领域；第二，通过提升职业教育对象的全民性、教育内容的丰富性、教育手段的先进性等，职业教育成为现代化的教育形式；第三，完善职业教育各阶段的办学形式，建立现代职业教育体系，使得职业教育成为终身教育的重要形式和个体持续发展的有效途径。农民市民化内生动力的塑造，为职业教育发挥时代功能、实现现代转型提供了发展契机。发展现代职业教育需要搭建跨类融合路径，彰显区域职业教育体系的现代性。突破体制机制障碍，汇聚融通社会教育的力量，借鉴创新职业群模式，积极实施终身职业教育战略。让全民终身享有学习的机会，让不同人群特别是发展不利人群共享社会进步和职业教育发展成果，提高职业教育全域服务能力，即覆盖全空间、全时段和全人群。推动职业教育从"教育孤岛"向"跨类融合"转化，加强中等职业教育与高等职业教育，职业教育与普通教育、成人教育的衔接与沟通，真正建立起人才成长的"立交桥"。研究新生代农民工的终身职业教育，大大扩展现代职业教育在纵向上的学习通道，同时有益于正式教育和非正式教育等横向多元主体终身教育学习的立交，促进个人全面发展和提供出彩机会，推动社会和谐公平，从而丰富现代职业教育的功能体系。

（二）实践意义

1. 有利于职业教育管理体制改革。近年来，国家高度重视农民工职业教育和培训问题，并给予大力引导和政策支持，但落实效果尚有待提升。在管理上受制于传统的教育体制和体系，当前的普通教育和职业教育院校尚不能较好地覆盖到非在校的社会人员，大多数农民工所在的单位对于农民工职业培训不够积极，专门进行农民工教育培训的机构更不多见。作为一种跨界的教育，现代职业教育体系的建设必须有跨界的思考：只有跳出教育看教育，才能逐步形成"合作办学求发展、合作育人促就业"的良性机制。因此，现代职业教育体系的构建应该具有大视野，应涵盖正规教育、非正规教育和非正式教育。但是，职业教育的现状离升级版的中国经济的需要还存在很大差距，还存在两个明显的问题：一是用人的劳动制度与育人的教育制度的分离，二是职业资格证书与教育学历证书的分离，制约了现代职业教育体系的建设。由于当前用人的劳动制度与育人的教育制度的分离，不仅表现为劳动人事部门与教育行政部门在职业教育管理职能上的交叉，而且更重要的是表现在劳动市场的用人需求与职业教育的育人供给的脱节，尤其是行业、企业在职业教育发展与改革的"失语"现象。劳动制度与教育制度的分离，必然导致职业教育的办学缺乏劳动市场与职业预警的有效调控引导，校企合作、工学结合的实施困难重重，劳动市场的信息资源、学校的教育资源与行业企业的实训资源无法综合配置。实施新生代农民工的终身职业教育，必将对目前以职业院校学历教育为主的管理部门和以技工教育及技能培训为主的管理部门统筹协同，改变"二元"管理上长期分裂的状态，以有利于国家职业资格框架顺利推行和现代职业教育管理体制改革。

2. 有利于职业院校发展创新。职业院校发展面临现实困境，一方面，职业院校生源不足，相对萎缩；另一方面，需要职业教育的新生代农民工却缺少机会接受优质、系统的职业教育。这就在我国职业教育领域出现了"悖论"现象，企业"技工荒"日益严重，新生代农民工对于职业教育的需求也非常强烈，而职业院校却普遍生源不足，优质职业教育资源大量闲置。职业院校开展新生代农民工职业教育，有利于职业院校开拓新的生源渠道、提高人才培养质量、扩大社会影响，为自身创造良好的发展机会。在终身学习的制度框架下，学习者的年龄、身份等差别将逐渐缩小以及淡化，今后，职业教育不仅需要满足应届毕业生的需求，而且要把视野拓展到社会上的其他人群。2019年《政府工作报告》关于本年度高职院校扩招100万名学生的决定，则是中国职业教育大步前行的进军号。2019年3月27日，李克强总理考察海南经贸职业技术学院时再次提出："希望学校不光招收应届高中毕业生，还要通过改革完善考试招生办法，多招收一些退役军人、下岗职工和农民工。"现代职业教育不仅是一次学历的终结教育，更为人的职业生涯发展设计"成长路线图"。在终身学习制度框架下，职业院校应从单纯的学龄人口教育转向统筹兼顾学龄人口和社会人员接受终身职业教育的需求，这有利于职业院校从"就业导向"到"生涯导向"的价值转变，促进职业院校在生源渠道、人才培养模式等方面内涵式发展创新。

第二节 国内外研究的现状述评

一、国内相关研究的学术史梳理及研究动态

新生代农民工的概念最早是由中国社会科学院王春光在2001年提出的，相关研究兴起于2010年，当年中央1号文件首次使用了"新生代农民工"的提法，指出要采取针对性的措施，着力解决新生代农民工问题，之后新生代农民工市民化成为大家关注的热点。通过检索，以"新生代农民工市民化的职业教育"为主题的相关文献有一百多篇，而和"终身教育理念下新生代农民工市民化的职业教育"和"新生代农民工市民化的终身职业教育"相关的研究文献很少，既往研究可以总结为三个方面：

（一）对市民化进程中职业教育统筹发展战略和转型改革的研究

城镇化过程中的市民化是关键环节，对农村剩余劳动力转移等实现城乡职业教育协同发展、集团化发展、优势互补（石伟平，陆俊杰，2013）。提出统筹城乡职业教育综合性改革，构建统筹城乡职业教育360°治理模式（朱德全，2013）。从"四化"同步的角度，提升农民工职业教育培训水平，实现职业教育教学模式、师资等一系列的转型、转变（辜胜阻等，2015）。改革领导和管理体制，以地级市政

府作为统筹面向农村职业教育发展的主体，提高办学效益培养质量，服务城镇化和转移人口市民化的建设（俞启定，2012）。改革完善政府与社会在新生代农民工教育中的责任与有效供给，加快市民化进程（黄君录，2011）。城镇化进程中需要教育变革，健全农民工职业技能培训的职业教育和继续教育体系，满足农民工终身学习的需求（褚宏启，2016）。也有受德国职业培训体系的启发，建立健全我国农民工内生性市民化的终身培训体系（侯晓娜，张元庆，2018）。

（二）对新生代农民工市民化进程中职业教育培训的研究

大量的文献围绕以下四个主题展开：

1. 在路径方面，学界主要有三种观点：一是多层面的发展路径，以政府为主导、校—企为主体、非政府组织为补充来寻求提升新生代农民工的文化素质与职业技能的职业教育路径（马建富，2014；钟冰，2016；王雪琴、武毅英，2015）。二是双向路径，如"进"是城市融入性就业、"退"是返乡创业，从进退两个方向双向发展路径（张磊等，2015）。三是学校自身的发展路径，如以教学目标、教学模式与内容、"全人师资队伍"和教学评价四个方面构建（郭元凯，2017）；从职业教育精准扶贫角度，建立新生代农民工市民化可行能力提升路径（李友得、范晓莉，2019；姜乐军，2019）。

2. 在策略方面，学者们主要从五个角度进行了分析。第一，从职业核心能力角度，提出了顶层设计、改进完善课程供给、弹性学分与评价、制度保障四个方面措施（周彦兵，2017）。第二，从阶层流动的角度，提出了"农民—农民工"和"农民工—市民"两个阶段的具体策略（张宁等，2016）。第三，从新型城镇化的角度，制定培训质量提升的内部发展策略（于云波等，2017），从文化素质、科技素质等方面进行教育补偿，构建教育培训网络（毛尚华，2013），提出以新生代农民工为主体的教育培训机制、多层次需求的培训菜单、模式创新和社会支持体系（马欣悦等，2015）。第四，从供给侧结构性改革角度，完善制度供给、丰富职业培训层次、提高适合的供给质量等方面提高新生代农民工的职业转换成功率，实现其顺利融入城市（傅雯等，2017；郑红友等，2017）。第五，从市民化的角度，分析了以职业资格证书为导向、学历证书为载体、培养现代市民为取向和促进发展为目标的教育内容（皮江红，2014）；也有从社区教育角度，在"互联网+"的背景下，提出农民工融入城市的教育培训对策（蔡璐，黄兴华，2018；潘晓红，2017；叶玲，2016；张安强，2013）。

3. 在体系方面，较为一致的看法是从法律、保障、激励、培训制度等方面尽快建立健全职业教育培训和继续教育体系（吕莉敏，2013；赵彦彬，2016；周昭安等，2016）。具体到体系创新完善上，有基于职业发展，实现其终身培训（李佩东，2012），也有的通过优化职业技术教育体系，提高职业技术教育的综合性、实效性、灵活性和前瞻性，破解向上流动中的矛盾（李中建等，2016）。

4. 在实证方面，一类是对省或者省内某一区域的现状调查分析，比如基于湖南省调查，分析了社区教育服务新生代农民工市民化（叶玲，2016）。基于常州市调查，分析新生代农民工市民化的职业培训现状，提出对策（马建富等，2015）。另一类是通过数据进行统计分析，像使用方程估算各类职业的教育回报率，并进一步分析影响职业流动的决定因素（王静等，2015），像利用模型实证分析影响农民工职业教育培训需求的因素（徐艳玲等，2016）。

（三）对终身教育的相关研究

虽然终身教育思想在20世纪70年代由西方传入中国，但农民工的终身职业教育或终身教育研究在近年来才为人关注。其一，从法律保障、政策保障和财政保障方面，建立农民工多方参与、多元协作的终身职业教育保障机制（黄蓉，2017；郑爱翔等，2015）。其二，基于职业院校，构建终身教育体系（宋莉等，2014）；也有提出实现由中央到地方各级职能部门联动的终身教育体系（孟宪霞，2010）；从机构要素和内容要素出发，探索构建新生代农民工终身教育体系，并提出促进体系有效运行的支持对策（唐燕儿，2017）。

二、国外相关研究的学术史梳理及研究动态

新生代农民工问题是我国社会转型时期特有的现象，国外对"新生代农民工"的提法并不多见，相对较多的经验做法主要在城市化过程中的移民或农民方面，也有一些是非农化的理论思想和终身教育思想，研究文献梳理如下：

（一）发达国家在城镇化进程中职业教育培训政策的典型做法

主要表现为具有完善的法律法规体系、丰富多元的教育培训内容与形式以及广泛的资金来源，1982年英国农民工职业教育培训的《农业培训局法》；美国1976年的《终身学习法》和1994年《美国2000年教育目标法》；日本1961年的《农业基本法》、1985年的《职业能力开发促进法》和《职业能力开发促进实施细则》，都从法律上予以保障。此外，各国政府鼓励相关部门和企业设立专项资金对农民职业教育培训工作予以支持。

（二）非农化和终身教育理论思想积累的成果

其一，非农化方面的，如刘易斯的发展中国家经济二元结构的理论、唐纳德·博格的"推—拉"理论、舒尔茨的人力资本理论、托达罗的预期收入理论等，国外学者从不同角度构建劳动力转移的理论模型。其二，在终身教育方面，终身教育概念是1919年英国的耶克斯利在《成人教育报告》中首次提出的，1970年，法国教育家保罗·朗格朗首次系统提出"终身教育"。其后 Hutchins，Gelpi，Faure 等人在 Lengrand 的基础上进行理论发展，指出终身教育就是"终身持续不断学习"，并提出通过终身教育向"学习化社会迈进"的实现路径，将终身教育从理念提倡阶段推向一个新的阶段。2015年联合国教科文组织通过了《教育2030行动框架》《职业技术教育与培训战略》，提出发展更加包容、开放、终身导向的职业教育。

（三）对移民的职业教育培训和终身学习的研究

对欧洲劳动力市场的移民融合政策，有学者从专业成人培训学习领域创新项目的宽泛研究，提出教育政策制定过程的国际化战略（Bonnafous，2014）。也有从意大利东北部的专业成人职业培训分析，认为成人职业培训不仅在欧洲就业战略中具有核心作用，而且也是国际劳动力迁移管理部门的时事问题，意大利东北部的职业培训需求和供给通常被认为是国家富裕和工业化的心脏（Natalia Magnani，2015）；运用多层框架调查欧洲17个国家的工作组织结构和学习风格及教育培训体系特征之间高度关联性（Lorenz 等，2016）。通识教育和职业教育对终身受益的比较研究，长期与短期受益在不同阶段呈现出不同的相关性（Bart H. H. Golsteyn，2017）。终身学习下国家资格框架的展望研究，正式职业教育、非正式职业教育和终身学习在国家资格框架下对个人成功不同作用进行了分析（Yaw Owusu-Agyeman，2017）。终生学习在新加坡技能未来运动中的机遇和挑战，例证在了终身学习的振兴作用（Tan, Charlene，2017）；对比直接劳动力市场准备和终身雇佣市场，职业教育在个人生命周期上的不同回报（Jeroen Lavrijsen，2017）。

三、研究简评

对国内外已有的文献进行研读和归纳整理，学术界对新生代农民工市民化的职业教育研究比较多，可为终身职业教育研究奠定基础。然而，终身职业教育也是一个新的概念，城镇化进程中新生代农民工市民化也是一个新常态，而新生代农民工市民化的终身职业教育研究很少见诸报端，具言之，已有的研究存在以下的不足：

第一，研究内容上，已有研究主要是聚焦在统筹城乡职业教育战略、新生代农民工的职业教育培训路径、策略体系上，其内容是加强职业教育培训之类的泛多，可精细化的过少，更多是关注新生代农民工外部对策供给的"外能"作用，很少关注到基于个人生涯发展的内能共生机制，因此在终身职业教育构成、运行机制和保障上的分析亟待强化。

第二，研究视角上，大多研究采取宏观层面和微观层面的纵向视角研究，少有研究把新生代农民工的职业教育培训视为一个不断发展的社会独立子系统开展横向视角的研究探讨。从管理者、教育者、"局外人"的角度进行建构研究的多，而从新生代农民工自身、学习者、"局内人"的终身职业教育角度展开研究的较少。

第三，研究对象上，几篇研究虽然是关于农村劳动力转移的终身职业教育，他们是将整个农民工群体作为同质体来进行研究，而没有考虑到新、老农民工在成长经历、利益诉求等方面存在显著的差异。因此，很有必要将新生代农民工作为单一主体进行研究。

第四，研究方法上，现有研究对新生代农民工的市民化和终身职业教育之间理论脉络不完善，市民化进程中的新生代农民工终身职业教育理论还比较缺乏；对实证研究也局限于一些调查访谈，缺乏比较分析，没有深入做好供给和需求分析工作，更没有做终身职业教育和市民化之间影响效果的论证。

以上不足为本课题研究提供了空间，在国家推进新型城镇化和完善现代职业教育体系的背景下，迫切需要对这一崭新的课题进行开拓性的研究，以期为政府相关部门和职业院校决策提供学理支撑和实践依据。

第三节　核心概念的初步界定

一、新生代农民工及市民化的内涵

（一）新生代农民工

2010 年在中央1号文件 《中共中央国务院关于加大统筹城乡发展力度进一步夯实农业农村发展基础的若干意见》中第一次正式提出新生代农民工的概念，把新生代农民问题提上了议事日程，要求采取有针对性的措施，着力解决新生代农民工问题。2012年党的十八大提出城乡发展一体化是解决"三农"问题的根本途径。2013年中央1号文指出要有序推进农业转移人口市民化。在此之后，新生代农民工的发展问题就一直受到各界关注，所以把推进人口城镇化特别是农民工在城镇落户作为城镇化的重要任务。

新生代农民工，这一群体的基本特征第一是年轻，主要指80后，90后，年龄在18—30岁之间；第二是没有农业农村生活背景，渴望融入城市，能像城市的青年人一样发展。这一群体以"三高一低"为主要特征，即受教育程度高、职业期望值高、物质和精神享受要求高，工作耐力低。

新生代农民工主体主要是80后、90后，特别是"千禧一代"农民工正在成为我国新生代农民工的主体力量。在2013年全国农民工总量2.69亿，其中80后、90后占70%以上，是新生代农民工的代表。而90后农民工年轻而富有活力，对生活、工作和未来有自己的理想，并在实践中不断地追求和努力，以后他们必将会成为新生代农民工的主体力量。90后农民工也是极具成长性的一代。从多年的跟踪调研情况来看，90后农民工的工作生活状态、学习状态、精神文化生活状态、心理状况和职业能力建设情况都还存在着一些需要规范和矫正的问题，但90后农民工不论是世界观、价值观、人生观，还是对待生活和工作的态度，总体上是积极向上的，主体是优良的。每个时代都有每个时代的特征，每个人都会有所处时代的个性，尊重个性差异才能正确认识每一个时代的人，才能正确认识90后这一代人。

新生代农民工这一概念是随着时代发展不断变化、不断丰富的，因此，研究者应对此概念不断更新、完善，从而使"新生代农民工"的概念能够更加准确地描述新生代农民工这一特殊群体。

（二）新生代农民工市民化的内涵

农民工市民化的基本内涵，我们可以理解为农民成为市民或者无限接近市民，乃至和市民是同质的市场主体或市场经济条件下的生产要素。所延展出来的是农民在物质、精神层面达到或者接近市民的水平与标准。"化"强调过程，强调在时间上、空间上双向维度的延展。农民市民化具有典型的整体性或有机性，整体转型过程是多元多层次的，其内容不是平面的或单点式，而是具有层次性和渐进性的一揽子内容：既包含农民社会身份和职业的一种转变，也包含农民居住空间的地域转移，还包含一系列角色意识、思想观念、社会权利、行为模式和生产生活方式的变迁。新型城镇化本质上是以人为核心的市民化，新生代农民工作为农村人群的主体，首先要推进他们市民化，新生代农民工必然具有终身教育和职业培训学习需求，不仅要在知识技能上适应城市工作和生活的要求，更应在理念和行为方式上进行转变。对于既是一个过程也是一个结果的市民化发展序列，从现代职业教育视角实施市民化改进措施显得格外重要。抛开社会因素，就农民工个人而言，其市民化需要具备两个最基本的前提条件：一是市民化意愿，二是市民化能力。前者是主观条件，后者是客观条件并且是最核心的条件。目前，第一代农民工随着年龄的增长已逐渐退出城市劳动力市场，新生代农民工成为市民化的主体。新生代农民工"市民化意愿"尤为强烈，他们抱定成为市民而进城打工，骨子里就没有回乡务农的打算，能否成为市民，就看是否具备市民化能力。农民市民化不仅包括农民自身内在素质的市民化，还包括与农民内在素质协同发展的外在条件的市民化，而农民内在素质的市民化是农民市民化过程的核心和关键。

在我国社会全面转型的历史背景下，借助城市化、城镇化等逐步使从事农业生产的农民由乡村走向城市，使其生活空间、生存方式、思想观念等逐步符合现代市民的资质，从而完成农民—准市民—市民的社会发展过程。具体表现为在农民市民化过程中内在素质的养成和外在条件的构建的协同发展过程。

二、终身职业教育体系

以往，提到终身教育时，人们往往将注意力集中在成人和继续教育上，认为职业教育只是人生中某一特定时期所接受的一种特殊教育，或者认为职业教育是一种早期终结型的教育，目前看来这种思想理念显然不合时宜，而国内外终身职业教育的思想和实践却给我们提供了众多的思考。农民工市民化是农民工人力资本形成与积累的过程，是渐进的复杂的城市融入过程，职业教育是新生代农民工市民化道路的重要途径。

在我国的教育体系中，职业教育是与基础教育、高等教育和成人教育地位平行的四大教育板块之一，其目标是培养面向生产、建设、服务和管理一线需要的高素质、高技能的专门人才。根据终身教育理念，学习者在不同的学习阶段都有机会接受相应的教育。现代职业教育要满足不同群众的不同需要，则需要搭建层次分明、衔接紧密、灵活多样的内部体系架构，来满足每个人在职业准备阶段或职业阶段的学习需求。对于职业准备阶段的人要有相应的学历证书来认可其在校期间习得的技能水平。对于已在就业阶段的人应有相应的职业资格证书认可其技术技能水平。要想在职业教育中实现学历教育与非学历教育互通，职业教育的内容必须与工作内容紧密结合，打破与工作世界的界限，建立起与工作领域的职业资格证书体系相对接的职业教育专业教学标准，形成通畅的技术技能人才培养体系。

现代职业教育必须要体现终身教育理念，终身职业教育体系主要体现在两个方面：第一，体系的建设要注重人的可持续性发展，因此，应建立包括向下延伸的职业启蒙教育、职业准备教育、向上发展职业继续教育，与工作体系内外衔接和与普通教育融通互认的现代职业教育体系；第二，体系要面向人人，任何有职业知识、技能学习需要的人都能接受职业教育。体系建设过程中，学历教育与非学历教育相结合，职业教育与职业培训相搭配，满足不同阶段的人的职业知识需求。

终身职业教育强调职业教育"人本回归"的需要，是职业教育"全程服务"的需要，是职业教育"能力可持续发展"的需要。

本项目研究对象为新生代农民工市民化的终身职业教育体系问题，主要是终身职业教育体系构成、运行、保障机制等一系列理论和实践问题，终身职业教育是市民化进程中各阶段系统接受职业教育培训的总和。

第四节　研究的思路和方法

一、基本思路

课题研究的整体思路如下：

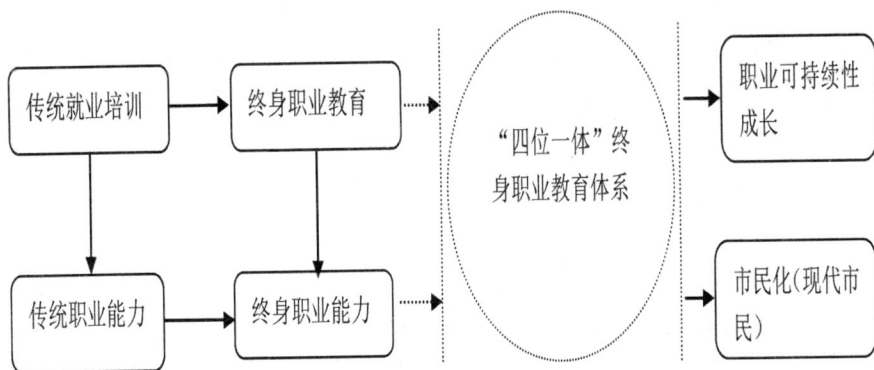

图1-1 研究思路设计

根据以上构思，针对新生代农民工市民化中的新问题和现有职业教育培训的不足，通过调查统计和对比分析，构建终身职业教育体系，研究遵循"理论分析—实证研究—比较分析—政策设计—个案试点—优化总结"的基本思路。首先，梳理职业教育和新生代农民工市民化的文献资料，总结比较国内外的经验，提出研究命题。其次，围绕新生代农民工新特点、个人发展和终身职业教育需求进行调查研究。再次，分析终身职业教育对内生性市民化的影响。最后，构建终身职业教育体系，案例试点，提炼总结。

在大量调查和访谈后，课题组对搜集到的数据进行了相关研判。对数据的整理分析基本上按照两个方向推进，一是新生代农民工和老一代农民工对照，二是对比新生代与老一代农民工职业行为差异比较。具体的路线一是运用多学科研究，是一个涉及教育学、社会学、管理学、劳动经济学、心理学以及职业教育的综合性研究。二是强调动态研究，从社会不断发展的角度去研究新生代农民工职业能力培养，做到与时俱进。

二、具体方法

（一）文献研究法

广泛、系统地查阅收集文献资料，系统梳理、归纳总结，同时把握非学术刊物的分析评述，汲取其思想精髓，开阔思路，寻找市民化进程中终身职业教育可以拓展的疆域。本课题所涉及的文献主要包括：第一，国内外学者关于职业教育、素质教育、能力本位、职业素养教育、终身教育的文章及论著；第二，国内外学者关于人的职业能力研究的文章及论著；第三，国内学者关于农民工问题尤其是新生代农民工问题研究的文章及论著；第四，国内外学者关于社会分层理论的文章及论著；第五，国内外学者关于市民化研究的文章及论著。通过对大量文献资料的搜集、整理和研究，基本掌握了当前国内对农民工问题研究的现状，基本掌握了当前国内对新生代农民工职业能力培养问题研究的现状，为进一步探索建立切实可行的终身职业教育体系提供了理论依据。

（二）比较法

比较分析国内外新生代农民工的终身职业教育培训政策建议，找出异同点和启示，综合分析终身职业教育的必要性和可行性。

（三）调查法

设计不同的访谈提纲和问卷，选取代表性的新生代农民工（主要针对本区域人员）、政府相关部门、经济组织和职业院校等进行调查、访谈，系统分析传统职业教育培训和未来终身职业教育的需求，归纳整理调查数据和访谈资料，分析终身职业教育对内生性市民化的作用机制，适时咨询专家，优化措施，构建体系，并探索体系的激励保障机制和质量评价对策。

第二章 国际劳动力转移的
职业教育培训概况与启示

第一节 国际劳动力转移的职业教育培训概况

职业教育培训是每个国家发展中不可忽视的问题，我国的农民工职业教育培训还处于起步发展阶段，农民工作为我国城乡二元体制下产生的独特群体，在世界上并无此先例，但世界各国，特别是发达国家在经济发展的过程中，大都经历过农村劳动力转移过程，而这一过程恰恰和当前我国农民工进城务工、学习、生活的现状较为相似。因此，学习和借鉴发达国家在农村劳动力转移过程中的职业教育经验就显得十分必要。

农民工问题是我国社会转型时期特有的现象，国外对"农民工"这一提法不多见，农民工是十分具有中国特色的概念。我们选取英国、德国、法国、美国、日本和澳大利亚等作为研究对象，从城镇化背景出发，探讨农民工职业教育培训问题，主要基于以下三点考虑：第一，据联合国《城镇化前景报告》统计，截至2014年，世界城镇化平均水平达到54%，英国、美国和日本等发达国家已经基本完成城镇化。在城镇化进程中，英国、美国和日本等均曾面临过如何对"农民工"进行职业教育培训的问题，并相应地开展了一系列行之有效的工作，为其他各国留下了可供借鉴的宝贵经验。第二，英国、美国和日本等城镇化进程中"农民工"职业教育培训工作各具特色，具有极强的代表性，被理论学界称为西欧、北美和亚洲农村剩余劳动人口再教育的典型范式。第三，澳大利亚形成了一套具有鲜明特色的职业教育体系。该体系已被公认是世界领先，具有创新性，且最能体现终身教育思想的职业教育体系；法国前几年的农业产量占欧盟农业总产量的22%，在欧盟27国中居首位。法国农业在生物技术、化学、农田水利、生产专业化（地区、农场、农艺）以及农业产业一体化经营等方面实现了高度现代化。农业现代化在极大提高生产效率的同时，客观上也推动了农业职业教育的发展。像以上职业教育培训和农业相对发达国家，在城市化进程中也出现过大量农村劳动力转移的情形，大量劳动力转移在城市化过程中也曾经面临就业与城市融入的问题，有些问题与我国现阶段产生的农民工问题有一定的相似之处，梳理他们农村职业教育和农村劳动力转移的职业教育培训情况，有助于我们比较和思考。

一、英国劳动力转移的职业教育培训

英国城镇化建设始于18世纪，整个城镇化进程被深深地打上了"工业革命"的烙印。随着工业革命在英国如火如荼地进行，英国乡村工业开始蓬勃发展，形成了众多工业村庄。在这个时期，农业和工业分工逐步形成，农业大规模生产经营模式开始推广。现代化农业和新型乡村工业对技术工人的需求与日俱增，农村剩余劳动人口接受职业教育培训的现象开始产生。英国非常重视与农村劳动力转移职业教育培训相关的法律法规体系建设，1838年成立了皇家农学会，开始对农业知识进行了系统性研究；1889年《技术教育法》的出台正式确立了大众教育在英国的合法地位，宣示了贵族不再独享接受教育的权利，百姓参与培训、获得教育的权利受到法律保护；1909年英国政府出台了《职业教育法》，这部法律是世界上第一部职业指导的法规，规范了英国职业教育行业；1982年一部关于英国"农民工"职业教育培训的法律《农业培训局法》正式出台，"农民工"职业技术培训得到重视，一系列培训计划随之提出。随后，政府牵头设立了专门培训机构，并出台了"农民工"培训资助方案。英国十分注重培训内容的多元化和培训形式的多样化，强调理论结合实际能力的培养。在培训内容方面，英国开展的职业教育培训内容多达100余种，可以说英国对"农民工"开展的职业教育培训是全方位的，并不局限于某一特定技术，而是以提升"农民工"综合素质为首要目的，使他们在兴趣的基础上选择适合自己的培训课程。在培训形式方面，英国不拘泥于固定的课堂模式，学习期限和培训形式灵活多样，以满足各类人的不同需求。英国推行的是免费农民职业教育，政府会为农业从业人员提供免费的职业技能培训岗位。参加培训的英国农民不仅可以免除各种培训费用，甚至还可以从政府那里享受免费的伙食并获得一定的生活津贴补助。

2019年5月，英国教育部部长达米安·海因兹宣布，将在全国设立12所技术学院，以提高年轻人的技能，并使他们走上一条通往高技能、高薪职业的明确道路。这12所技术学院将由大学、继续教育学院和日产、西门子、微软等公司合作办学，专注于科学、技术、工程和数学教育（STEM），提供高质量的高级技术培训，如数字化、先进制造和工程等。新建立的技术学院除了将拥有1.7亿英镑的政府投资支持外，还将获得当地雇主和合作伙伴的额外支持；因此他们有条件使用最先进的设备和设施，并能利用其大学合作伙伴的最新研究成果来预测未来工作场所的技能需求。

二、德国农村职业教育

德国在1938年的《教育法》中规定：凡参加农业生产的男女，在中学毕业后，必须接受为期三年的农业职业教育。此外，德国还制定了《职业教育法》《劳动促进法》等相关法律，给予农民职业教育相应的财力支持，如规定农业职业学校的学生有权获得学习和生活费用的支持；对负责组织培训工作的农业企业，政府要颁发补助金等。

德国的农村职业教育机构和系统十分完备，德国的农村职业教育作为世界职业教育界的典范，不仅拥有完善的教育模式和强大的师资力量，更重要的是政府和企业的大力支持。其中最出名的就是德国的"双元制"教育模式，所谓双元制，就是指在整个教育培训过程中，学校和企业同时进行教育，受训学员既是职业学校的学生，也是企业的工人，这样就可以达到理论与实践的相辅相成，从而取得1+1>2的效果，为德国经济社会的发展输送了大批优秀的高素质人才。这种教育模式的顺利实施正是由于政府和企业共同投入才能得到实现，这也是为什么有学者称"双元制"教育模式为德国经济腾飞的秘密武器了。德国对于培训的专业设置有着明确的职业导向，就是凡是进入职业学校进行学习的学生，在确定专业之后，必须要按照国家的统一标准，经过数年的职业培训，最后参加考试并获得国家权威认证的资格证书方可毕业，并且这种资格证书在社会上也是具有较高认可度的。这种以职业为导向的专业设置，有助于劳动力清晰定位自身，明确对自己的职业生涯做出合理规划。

德国终身职业教育具有明显的特色。德国职业培训条例明确规定，职业教育是一种就业教育；转职培训是为在业人员转换新的职业岗位而进行的一种补充教育；职业进修是为从业人员在某一领域进一步深化而开展的职业继续教育。以上三者均属职业教育范畴。据联邦劳动局统计，每年要求职业进修的人员约占在业人员总数的20%。同时采用补习学校学习的方式作为沟通职业教育学生走向普通教育的渠道。普通教育的完全中学毕业生也可通过双元制职业教育与企业继续教育成长成才。

三、法国的农村职业教育培训

法国是欧盟第一大农产品出口国，其农业现代化的发展成绩显著，这主要得益于法国农民创业创新能力和科学文化知识的素养的不断提高，得益于法国政府所推行的农业免费培训模式。法国政府规定所有公立学校的职业教育都是免费的，农业教育也无须缴费，农民职业教育所需的全部费用由各级政府和农业协会的农业发展基金来承担。早在1995年，法国政府就与各大农协负责人协商签订了《青年就业国家宪章》。根据该宪章的规定，法国政府和农业协会每年至少要筹措34亿法郎的农业发展基金，专项支持每年12万人次的农民职业教育。

为配合农业现代化的发展，法国在1960年之后建立了以中等、高等农业职业教育和农民业余教育为主要内容的农业教育体系。1981年，法国社会党执政，以民主化与现代化为原则致力于教育改革。1985年开始实施农业职业高中会考文凭课程。1987年经过改革，学习者可以通过学徒制的学习获得从第五级到最高级别第一级的所有证书。1988年12月，法国部长会议决定推行工程师文凭继续教育，次年正式推行。1989年颁布新的《教育方针法》，该法规定，10年内使所有适龄青年至少取得"职业能力证书"或"职业学习证书"。学校方面也积极改革，国立农业工程师学校作为法国高等农业职业教育的重点院校，其目标是培养农业、农业工程及食品方面的专业型和实用型工程师，1990年学校逐渐把原来明3年暗4年（即1年的预备班）的学制改为明3年暗5年，从而保障生源的整体质量，其他高等农业学院学制也相继调整。高等农业职业教育的改革目标是与国际接轨，如高年级用英语授课、加强国际间的联合与合作等。

到目前为止，法国农业职业教育形成了中、高两层次以及农业职业培训和成人教育两个类型；业士（高中毕业）、学士、硕士、博士四级学位；技术工人、中级技术员、高级技术员、工程师四种职称；职业能力证书、职业学习证书、农业职业高中会考证书、补充证书等多种证书文凭；学校教育、机构培训相结合的完整体系。各种层次、类型、机构间的横向纵向衔接也比较灵活合理。

法国农业职业培训面向义务教育后的青年，通常为两年，近70%的时间在雇主农场实习，其余在培训中心学习。学徒结业后授予"农业职业能力证书"。培训机构与企业行业联系密切，两者之间有着各种实质性的深度合作。机构依靠政府制度保障、校企合作互利共赢、培训机制灵活，并且有权颁发国家承认的职业资格证书和学历证书，使学历证书、培训证书、资格证书、课程学分机构和大学都相互承认，社会认可度较高。

成人农业教育的培训对象是成人和离开正规学校的青年，通常的培训方式是实习。20～120小时的实习为短期实习，大多是专题性培训，以丰富农业生产者知识为目的；120小时以上的实习为长期实习，目的是使没有受过农业教育、不具备农业经营知识的农民，取得经营农业所必需的基础知识，或使参加农业生产一年以上并受过一定农业教育的农民，进一步提高专业知识和经营管理水平，取得相应的技术证书或晋级。此外，还有专门针对农场主、农业工人、农业后继者，鼓励他们从事农业工作的培训。培训内容为农业生产如何适应市场需要，如何适应农民需要。培训由农业部制订教学计划，培训中心组织实施。教学形式、时间灵活，实践理论相结合，培训费用主要由政府、地方大区负责。

欧洲除了英国、德国和法国之外，荷兰的农村转移人口职业技能培训基于其市场的需求，以需求为导向，将其与农村剩余劳动力的转移培训紧密对接。全国共有13个农业教育中心，授课地点超过百余个。培养模式主要分全日制学习和每周在校学习1天、工作4天两种类型。采用模块式教学，十分注重职业能力的培养，尤其注重实践，学生要到不同的单位、农场参加实践劳动。在校课程多以实践教学为主，理论教学为辅。其教学内容基于实践，没有固定的教材与教室，不传授过多过抽象而复杂的内容。只是将所传授的技能不断细化与具体化，在教师对某一特定的技能进行细致讲解及演练之后要求学生积极实践，将技能掌握到最佳水平，同时注重将最前沿最实用的业界动态与实用技术传授给学生，使农村转移人口时刻跟紧时代的步伐。

四、美国劳动力转移的职业教育培训

美国城镇化建设始于19世纪70年代，被称为"自由放任型"城镇化。美国在城镇化过程中强调市场的决定性作用，依照市场规律解决城镇化发展过程中的问题，政府的宏观调控只起着辅助性作用。这一时期，恰逢第二次工业革命，电力的发展对传统农耕方式带来了冲击，大规模农场耕作模式解放了大量生产力。随着市场对有高科技技能人才的迫切需求，政府、社会以及个人机构开始了农村剩余劳动人口的职业技术培训工作。

在经过第二次世界大战后，世界经济格局发生了巨变，当时的美国同现在的中国一样，生产方式无法适应产业升级，大量农村青年劳动力转移成为社会的巨大问题，由于这些人在个人素质和技能上的缺失，使其在城市中的失业率居高不下。美国政府除了通过加大联邦政府和州政府的补贴，将大量失业工人及农村劳动力转移到国家兴办的工程、企业内就业外，更加重视和提高这一群体的综合素质和专业技能，使其能够适应城镇生产方式和生活。自20世纪50年代开始，美国就制定颁布了大量关于农村转移劳动力职业教育问题的立法和规定，明确规定对农村转移劳动力培训人员实行免费制度。在1964年制定的《就业机会法》中，主要针对青年农村劳动力开展职业教育培训，并得到了较好的落实，在同年组织的青年职业培训教育中，年龄段大都在16~21岁，并有超过一半的人接受了非农职业培训。并且美国逐渐通过普及教育来提高农村人员的文化素质和受教育水平，比如在艾奥瓦州，自1960年到1970年，在短短的十年内，农民同城镇居民的平均受教育水平之差已从原来的1.5年缩小到了0.1年。美国政府一贯遵循市场需求来采取相应的措施来培养人才，在办学形式上，培训机构设置主要包括高等学院、社区学院、企业公司、社会团体等。其中社区学院尤其注重与企业实际需求相结合，所聘用的教师大都来自当地企业的管理人员或者是车间有经验的工程人员。

此外，针对经济萧条、失业人数增加、社会压力剧增等问题，美国于1971年在联邦教育总署署长西德尼·马兰（S.P.Marland）的积极倡导下，在全美范围内推行实施终身化的职业教育——生计教育，即在对全体学生实施以生计意识、生计探索、生计准备和生计定向等内容的持续性教育的综合教育计划，其目的在于帮助人们从幼儿园到成年获得全部生涯的谋生技能，并形成个人生活方式。美国生计教育作为一种终身意义上的职业教育，它的推行实施得到美国联邦政府及美国职业协会等组织的广泛支持。20世纪80年代初期，随着信息技术的快速发展，知识经济日益兴起，劳动者靠事先获得的专业知识和专业技能难以适应知识和技能更新的需要，必须不断补充新的知识和学会全新的技能以适应新的劳动分工和经常发生的职业变动。根据美国教育总署的估计，美国人一生中平均要转业6~7次，如果接受单一行业训练，转业就十分困难。所以美国就涌现了"终身职业教育"思潮，制订了实行终身职业教育的专门法律，并采取各种措施加以推行。美国前国务卿鲍威尔在谈到技术与职业教育作为终身教育的一个有机组成部分时讲道："要促进正规教育与非正规教育之间的协调，促进负责教育、培训、劳动和社会福利工作的政府各部之间的协调，以便提供通向就业的技术和职业教育与培训，从而改善技术和职业教育与培训、就业的联系与合作。"

美国的培训课程虽然没有英国种类繁多，但同样具有丰富的内容和灵活的形式。在培训内容方面，美国的职业教育培训主要是从四个方面开展，即基本技能类培训、工作技能类培训、计算机操作技能培训和学习能力培训。在培训形式方面，美国采取的是政府牵头、多级配合、灵活的半脱产或不脱产形式，即政府与各类型协会、企业、大学合作，进行信息交流。在教师选配上，采用严格的准入制度，任教者须取得农业教育学士学位或同等学位，或在大学中主修或辅修过教育学和农业、工业相关课程。

五、日本移民的职业教育

日本城镇化建设始于明治维新时期，但真正城镇化的快速发展始于20世纪40年代，即第二次世界大战之后。二战后，日本经济迅速发展，跃升为世界第二大经济体。日本政府十分注重宏观调控的作用，鼓励农村剩余人口接受职业教育，提升竞争力，日本职业教育工作就此起步。

日本在对农村剩余劳动进行有序转移的过程中十分成功，其做法是值得我们借鉴和学习的。日本的劳动力转移进程可大致分为恢复性转移阶段、快速转移阶段和低速转移阶段。日本的城镇化建设被称作"按照政府意图开展的城镇化"。随着二战后农民工大规模向城镇转移，政府为了提升农民工竞争力，出台了一系列法律法规。1883年出台《农学校通则》，重视农村人口的教育培训工作；1977年日本政府出台《农业改良促进法》，提出了教育是一种人力资本投资的理念，并以法律形式明确教育奖励措施，进行职业教育总体规划，明确农民工职业教育培训地位；1958年出台《职业训练法》，鼓励农民工参与公共职业训练，并明确职业鉴定制度；1961年出台《农业基本法》，强调通过职业教育和培训，振兴农村地方经济，使得农村人口得到适当职业；1985年出台的《职业能力开发促进法》和《职业能力开发促进实施细则》则强调了职业训练的长期性、广泛性和弹性。

日本还十分重视学生个性需求，在课程设置方面，推出了"高中多样化"政策，在高中课程中，除了普通的理论课程外，还设置了水产、工、商等职业课程，1966年设置的职业课程已经有218种，1975年已经达到245种，在学校学习的职业课程使他们能更好地适应城市的工作。政府不仅在全国各地兴办了许多针对农村转移劳动力的职业培训机构，还大力动员企业和社会团体一起参与到这项事业当中来。日本城镇化进程中农民工职业教育培训由政府主导，具有有计划、分层次、有侧重的特点。在培训内容方面，日本以农业技术培训为主，兼顾工业技术培训、法律知识、日常生活知识，培养适应现代化农业发展的骨干农民。在培训形式方面，主要有脱产培训和半脱产培训两类。脱产培训即农民工进入由日本政府创建的职业教育培训学校，在传统课堂上接受职业技能教育。半脱产培训主要是指政府倡导、民间开设的培训机构、协会为无法完全脱产培训的农民工提供参与培训的机会。

六、澳大利亚劳动力转移的职业教育培训

澳大利亚职业教育与培训最早移植自英国的学徒制，之后逐渐出现了技术学校、技术学院等机构。从 20 世纪 70 年代开始，国家进行了一系列改革，开始建立以技术与继续教育学院（TAFE）为主的现代职业教育体系。20 世纪 80 年代，实施学徒制和能力本位的培训。20 世纪 90 年代，建立了澳大利亚资格框架（AQF），将所有义务教育后的教育和培训资格统一到一个国家的资格体系中。同期，开始发展国家培训包（TP），逐渐发展和涉及各种行业和职业。随后，新学徒制兴起，认证框架（ARF）建立。直至现在，澳大利亚建立起了一套非常完善、特色鲜明、开放可持续的职业教育与培训体系。为了迎接全球化和知识经济发展的挑战，21 世纪初，澳大利亚职业教育体系进一步改革，提出了以加快技能培养、推动技能升级和促进技能研发为内容的发展战略，并给出了具体建议。澳大利亚的职业与技术教育受到政府、社会、行业和个人的高度重视和广泛认可，近些年，不断地发展壮大。

澳大利亚政府为适应市场、技术和经济变化的需要，不断改革，已经形成全面贯彻终身教育理念的职业教育体系。在终身教育理念的大背景下，澳大利亚职业教育与培训不断地改革，确立了特征鲜明的体制、机制以及教学培训模式、评估标准等，其中，对终身教育理念的体现尤其表现在质量保障体系的构建和质量认证机制的建立这两个方面，主要体现于培训包、资格框架、教师准入制度的建立和完善。

2019 年 2 月 13 日，澳大利亚联邦政府正式发布教育委员会签署的主题为"为未来做好准备：聚焦学生"的《学校职业教育国家战略》的文件，以实现全国学校职业教育的统一。该战略指出了澳大利亚各级政府、学校和雇主在国家层面达成的共同目标——支持面向所有学生提供高质量职业教育，帮助学生形成通往职场的明确路径。澳大利亚政府表示，每名年轻人都应该获得最好的机会实现从学校向继续教育、培训或者就业的成功过渡。学校职业教育能够帮助学生明确他们的抱负、兴趣、优势与能力，帮助他们了解未来的职业选择、路径、劳动力市场和就业，并将这些与他们对自身的了解相结合。全面综合的职业教育将教会学生规划并做出就业与学习的决策。现代化的学校职业教育规划对于满足学生的职业发展需求非常关键。

澳大利亚最新的学校职业教育国家战略，强调培养学生具备职场所需技能和一般能力的重要性；增强学校和雇主之间的合作；培养学生具备职业生涯管理及职业转换技能。其愿景是，让所有学生都有机会获得高质量的职业教育，帮助他们从学校向未来教育、培训、就业成功过渡。新的战略建立在以前的框架及国家职业开发战略基础上，并与现有的国家课程大纲相互补充，为各种机构参与职业生涯开发的相关人士提供指导，以促进所有澳大利亚人的终身职业发展。

近几年的联合国教科文卫组织发布的全球教育检测报告显示，国际上对劳动力转移的教育培训转向移民和难民共同兼顾教育培训，有些国家还实施了包容性的教育培训政策，比如加拿大和爱尔兰是实施移民包容性教育政策的全球领导者。发达国家特别强调这项劳动力转移的职业教育培训战略，培养他们拥有21世纪技能，推动更多的雇主、产业及学校之间的合作，确保年轻劳动力具备必要技能以自由驾驭不同产业和行业的复杂职业，并汇集了教育界、企业和产业、家长和看护者、生涯教育从业者及年轻人群体的意见，确保他们获得更多指导与支持，培养相关技能，为未来就业做好准备。

第二节　国际劳动力转移的职业教育培训启示

当前，"职业"一词不再仅仅是指一项工作，而是工作、教育、培训、志愿活动、社区参与和其他社会角色与活动的综合，并以各阶段顺利过渡、终身学习以及生活中各层面之间的平衡为基础。对于一些人而言，工作仅仅是收入来源，而对于另一些人而言，工作给予他们更大的个人满足和成就。无论职业对于个体意味着什么，职业正在变化，这是不争的事实。"为了生活而工作"这一概念不再适用，因为很少职业严格遵循"准备—就业—退休"这一预期模式。在这一新的复杂环境中，尤其是年轻人迫切需要支持以适应变革，并在职业过程的各个节点顺利过渡。

一、几个典型国家劳动力转移教育培训的经验比较

无论是英国、德国、法国、日本、澳大利亚，还是市场在城镇化进程中起决定性作用的美国，政府对于"农民工"的职业培训工作均十分重视，出台了一系列相关法律法规，形成了国家统筹规划、相关部门协调配合并提供指导的培训模式，确保了职业教育培训工作顺利进行。有的国家在制定新的国家战略时明确了学校职业教育的六大目标——培养学生具备可迁移技能，确保他们为职场未来做好准备；生涯教育必须满足所有学生的需求；学校、教育及培训提供者，雇主、家长和看护者及广大社区之间积极合作；社区创造地方解决方案和开发灵活的路径，满足学生雇主的需求；确保每个人都掌握相关信息并积极参与；构建强大的证据库。国家战略将通过支持家长和看护者发挥重要作用，鼓励企业和学校加强合作，加强对学校生涯教育的改进。未来，澳大利亚将致力于构建一个面向所有年龄段的、全国统一的、多渠道的职业支持体系，确保个人在职业旅程的任何阶段，无论他们身在何处及未来职业有何打算，都有机会获得统一的、高质量的职业支持。终身职业支持模式支持从小学开始进行生涯规划，并随着个人成长不断纳入新的学习，以便在不同职业角色之间转换时，能够得到定制的、容易获得的

支持，通过梳理国际上相对发达国家的劳动力转移的职业教育培训情况，可以看出他们主要经验在以下三个方面：

第一，在立法保障方面，比如英国、美国、日本和法国等几个国家均制定了一系列与"农民工"职业教育培训工作相关的法律，在法律层面上保障了"农民工"享有参与职业教育培训的权利。通过一些法律和制度举措可以看出，教育培训理念也在不断转变，从注重阶段性培训到强调终身学习，市场对高素质人才的需求促使政府立法对职业教育培训予以支持，随着时间的推移，人们逐渐意识到了职业培训不应仅以功利为目的，而是要追求可持续发展，培养终身学习的理念。与美国相似，日本的立法演进过程同样也是一个从阶段性培训过渡到终身学习的过程，不过由于日本更加强调政府的作用，在立法过程中以法律的形式确立了农民接受职业教育培训的权利神圣不可侵犯，大力倡导多元化培训，把"农民工"接受职业教育培训作为振兴乡村经济的必由之路。

第二，培训内容与形式方面。英国、美国和日本在培训内容与形式方面均十分丰富，内容涵盖了技术知识和生活技能的方方面面，形式不拘泥于全日制课堂教学，时间、地点灵活多样，呈现多元化特点。它们的区别在于：由于第一次工业革命的影响，英国乡村工业发达，对多元化人才需求较大，同时又具有雄厚的资金实力，这就使英国不拘泥于某几种技能培训，而是因材施教，充分尊重"农民工"的选择，开设了近百种课程。美国课程数量不及英国品类繁多，但美国培训内容的设置具有层次更加清晰、结构更加合理的特点，涵盖了基础知识、高科技知识、计算机操作和学习能力这四个现代化人才必备的基本素质；同时，美国在城镇化进程中，市场占主导地位，市场规律是人们坚持的信条，大规模脱产培训在这个时期的美国并不现实，半脱产或不脱产培训比较受欢迎。日本由于国土面积较小、自然灾害频发，且资源匮乏，在培训中更加注重追求较高的"性价比"，因此由政府主导的有计划、分层次、侧重性强的职业教育培训应运而生。

第三，资金来源方面。英国、美国和日本在资金来源方面的相同点在于：三个国家职业教育培训资金来源广泛。它们的区别在于：英国资金拨款制度化特征显著，设立专门机构进行资金发放审核，保证了资金发放的公平性；同时，征收特别税又具有强制性的特点，通过向纳税人征税，专款专用，支持职业教育培训工作。美国的资金来源更加多样化、灵活化，主要是以联邦政府、州政府和地方政府资金支持以及社会捐助为主，不以强制手段筹集经费，发挥社区的重要作用，依靠公民的公益意识，形成全国联动的资金募集形式。日本城镇化进程中政府作用显著，职业教育培训资金主要由政府提供，通过直接资助和低息贷款两种不同形式支持职业教育培训事业。

综上我们不难看出，城镇化进程中"农民工"职业教育培训工作的顺利开展，离不开健全的法律法规保驾护航，相关法律的出台为"农民工"职业教育培训工作提供了法律保障和政策导向，使得相关政策红利逐渐向"农民工"倾斜；离不开丰富的培训内容和多元化的培训形式，培训内容与形式是培训的生命，学有所成、学有所用是培训的终极目的，良好的培训内容和培训形式能够加深受训者的理解，缩短受训者将知识转化为技能的周期；离不开广泛的资金支持，雄厚的资金保障是开展教育培训工作的基础，没有资金支持，教育培训工作将寸步难行。

二、借鉴与启示

通过对以上代表性国家"农民工"的教育培训整理，对于发展我国城镇化进程中"农民工"职业教育培训提供有益的启示。

（一）提高农村职业教育的社会认同感是促进劳动力稳步转移的重要前提

与我国情况截然不同的是，奥地利近80%的适龄学生在完成基础教育后会选择职业教育。他们崇尚卓越的技术技能，认为职业教育是获得良好职业生涯的明智选择。相较于其他国家，奥地利社会并不将高等学历的获取视为获得理想职业的唯一途径。据2010年奥地利经济教育研究所发布的数据显示，近80%完成九年义务教育的学生选择进入职业教育体系。即使是选择了职业教育，学生们也有机会在最后一年有计划地增加"综合性科技知识"课程，在其毕业后仍有机会进入高等职业大学甚至综合性本科大学，以进一步深造获取学士、硕士、博士学位。在经历社会转型的过程中，由于其对待职业教育的平等观念，毫无压力地率先完成农业人口的城市化。奥地利社会对于职业教育先进的观念及其完善的体系，再加上政府在学生就业、收入、福利及岗位升迁等方面提供的相应保障在农村人口转移过程中起到了至关重要的作用。

基于此，我国教育系统乃至全社会必须认识到农村职业教育对农村经济的贡献与对社会发展的作用，逐步提高农村职业教育的社会认同感，使接受职业教育与技能培训成为农民工的自主的选择。

（二）建立健全农民工职业教育培训法制保障

1. 政府应该转变观念，实现政令管理与法令管理的结合。第一，坚持有法可依。我国与发达国家尤其是西方发达国家在公共管理方式上存在明显差异，我国更习惯于通过政令发布管理国家日常事务，成人职业教育立法工作十分薄弱，出台一系列相关法律法规保障农民工参与职业教育培训的合法权益势在必行。第二，政令与法令结合。现如今培训管理混乱、政令不一、基础设施薄弱等一系列突出问题着实存在，在城镇化发展的关键阶段，只有法令管理与政令管理相互配合，农民工职业教育培训才有据可依、有章可循，职业教育培训机构的良性发展才有法律保障。

2. 完善立法工作，循序渐进推进法治建设进程。第一，在转变理念、依法管理的同时，要注重不断完善立法工作，健全与优化法律体系，形成完备的法制管理系统。第二，循序渐进，切勿急于求成，通过实地调研，了解城镇化进程中农民工现状和亟待解决的问题，制定相关法律法规并定期修正。第三，出台一系列相关辅助政策予以补充，形成主次分明、结构合理的法制体系。

3. 加强法律宣传工作，进行法制教育。第一，加强普法宣传，充分发挥电视、广播、报纸等传统媒体和互联网新媒体的"喉舌"作用，加大法律宣传力度。第二，实现法制内容进课堂，将法制课作为农民工职业教育培训的必修课，加强对农民工的法制教育，加大普及法律知识的力度，指导农民工学法、懂法与用法，切实保障农民工合法权益。

4. 公正执法，设立监督机构，完善评估标准。第一，在执法过程中，要坚持执法必严、违法必究的准则，严格按照法律执行，规范培训行为，做到令行禁止。第二，设立监督机构，制定行业统一的执行标准，监督各部门在农民工职业教育培训过程中各司其职、各尽其责，确保培训工作顺利开展。

（三）丰富以教育培训质量提升为导向的培训内容

1. 注重培训主体的多样化，形成多层次、有侧重的培训体系。在城镇化发展进程中应切实完善农民就业培训体系，使农民的实践技能得以提升并适应现代城镇化建设步伐。第一，坚持以公办学校为主体、多种类型民间培训机构共同发展的办学理念，充分利用现有大学、职业学校的教育资源，以官方形式组织农民工进入职业教育培训补习班、夜校接受培训，集中教育优势资源，统筹规划，大力发展农民工职业教育培训工作。第二，要鼓励非官方培训机构积极开展农民工职业教育培训工作，充分肯定其在职业教育培训工作中所起到的积极作用，形成政府、培训机构、企事业单位和农民工多方参与的培训体系。

2. 注重培训内容的多元化，提高农民工培训的针对性。第一，因材施教，即根据农民工年龄结构、知识水平、技术能力、兴趣爱好、职业倾向等多方面因素，综合考量，制定有针对性的职业教育培训计划。第二，因势利导，即紧随国内大政方针，密切关注宏观经济环境，掌握人力资源市场动态。第三，因地制宜，根据当地风俗习惯做好培训工作，避免外地农民工"文化水土不服"的状况发生。第四，要创新符合产业结构升级的教育培训内容。

（四）注重以满足不同类型农民工差异化的培训形式

第一，对于文化水平相对较高的农民工，可以运用多媒体等现代教学手段，通过在线培训模式对其进行半脱产或不脱产式职业教育培训。第二，对于注重实际操作能力的职业技能培训，可以通过现场实习的形式集中进行。第三，对于服务类工作，可以在工作之余，利用某个时段进行经验交流，相互学习。

（五）提供资金发放支持且使用透明化的举措

1. 加大经费投入力度，提供资金保障。第一，中央财政增加对农民工职业教育培训的投入，健全、优化农民工职业教育培训公共财政支持体系，使得财政拨款制度化、规范化，保障农民工职业教育培训工作的顺利进行。第二，利用资本市场，设立农民工职业教育培训基金，聘用证券行业专业人士运作，鼓励机构和个人购买，盈余资金用于支持农民工职业教育培训事业。第三，充分发挥企业的辅助作用，鼓励企业支持农民工职业教育培训工作，并将职业教育培训投资纳入生产成本，年终政府给予一定数额的税收减免优惠政策。

2. 设立监管机构，保证资金发放公开透明。第一，专款专用。设立独立于资金发放部门的监管机构，监督资金发放工作，确保发放工作公开、公正和透明。第二，账务公开。第一时间向社会公布，发挥社会监督的重要作用，鼓励民众投身到资金发放监督工作中去，利用民众舆论力量，监督是否存在"糊涂账"与"关系账"。第三，加强廉政教育工作。对参与资金发放的公职人员展开廉政教育工作，警示公职人员不贪污、不渎职，遵守法律法规，恪守职业道德。

（六）依托城镇化发展提高农民工就业水平

农民工实现就地、就近就业，是我国政府近几年大力倡导并努力推进的工作之一。从现实意义角度来说，农民工职业教育培训若能积极地为城镇化建设服务，则城镇化的发展也有利于农民工实现就地、就近从业，二者互为依托、相辅相成。比如国际上法国政府在国家工业化、现代化发展过程中，也曾遭遇过农村剩余劳动力过多所带来的许多负面影响，为了尽可能高效地消化吸收农村的剩余劳动力，法国曾采取过鼓励以不同城镇优势产业为龙头，加强区域性产业发展的政策。法国根据各地区的优势产业来带动当地经济的发展，譬如以葡萄酒产业为核心的地中海沿岸地区，则以煤炭、钢铁等资源优势作为产业支柱来带动周边城镇的洛林地区。法国政府一直十分重视对农村转移劳动力的职业教育和培训，并在农村的职业教育中实行了五种证书制度，从人力资源方面这一根本问题上解决了该国在产业集群发展和城镇化的发展上所面临的严峻考验。

早在17世纪末，美国商业经济发展还十分缓慢，国家财富的积累仍以农业为主，随后的第一次工业革命和第二次人口浪潮从整体上推动了城乡经济的快速发展，著名的西进运动美国掀起了一股"淘金热"的浪潮，由此开始在美国的东、西部大洋沿岸和中部五大湖地区等周边地区快速形成了城市群，不但促进了当地农牧业、交通运输业和相关工业的发展，同时也消化吸收了当地大量的农村剩余劳动力。这股"淘金热"也为美国以后经济的发展起到了相当重要的作用。二战后的日本在重振经济、加快现代化发展的过程中，在70年代制定了一项地区发展计划，即在国家宏观指导下，规定在城镇和郊区建立部分工业区，工人录用采取就地招工的方法，财政方面给予相应补贴，鼓励农民在不放弃农业生产的同时，兼做一些农产品加工或是其他非农类产业的工作。日本在工业化进程中所采取的这种城郊工业区建设同农村人员劳动力补给的结合，有效避免了像我国一样的大量农民外出打工的现象，不但促进了工业的进步，也使得城市和农村得到协调发展。借鉴发达国家的经验，在我国城镇化进程加速推进的过程当中，农民工职业教育也应趁势而行，努力推行就地、就近消化转移农村剩余劳动力的这一举措。

（七）整合教育资源构建新型农民工职业教育体系

当前我国有部分地区在实施农民工职业教育过程中，由于过分依赖由政府主持的正规形态的教育形式，而忽略了民间力量，也降低了企业以及社会培训机构参与到农民工职业教育培训中的积极性，大大影响了农民工职业教育的发展。农民工教育培训机构如果单纯依靠政府行政指令的方式来执行，不仅使市场竞争机制难以发挥，而且其教育培训内容往往古板老旧，没有针对性，使职业教育的效果和质量难以达到保证。在职业教育比较先进和发达的德国，除了各地政府设立的职业教育机构外，十分注重发挥社会和民间力量。据有关资料显示，20世纪80年代，德国全国就有数量规模庞大的类似于"职业技术教育中心"的民间机构，其中大部分都由政府支持赞助，承担起许多中小企业雇员的教育服务。在农民工职业教育培训过程中，为了保证教育质量和效率，政府部门不仅要在法律政策和经费方面予以鼓励和支持，搞好教育设施基础建设，要打破现有局面，要将地方、部门、行业联系起来，统筹社会教育资源，设立国家统一的职业资格框架制度，形成由政府领导、校企合作、非政府组织补充和农民工自身参与的多方配合的教育培训体系，同时还要严厉规范教育市场，执行严格的审批准入制度，对所有的教育培训机构的资信程度、教学设施、师资力量、管理能力等方面都要予以评估和审核，对于不合要求和规定的违法职业技术学校及时严肃查处。

（八）尽快建立完善多元整合评价体系

澳大利亚有一套科学化、规范化的职业教育培训质量评价体系。国家培训局、各州按标准严格审批各地方教育培训院校和机构，并且每年定期与不定期检查已注册的教育与培训机构。澳大利亚采用"以能力为本"的多元整合评价体系，注重学生的一般能力与具体职业情景的结合，注重胜任职业角色所要求的多方面的能力。目前，我国还没有专门评价职业院校质量的机构，也没有科学的、规范的质量评价体系，职业教育的发展还缺少有效的外部保障条件。加强评价机构管理和采用多元整合评价体系对促进院校教学、确保职业教育培训的质量起到了十分重要的作用，因此，评估机构和评估体系的建立应成为我国职业教育发展中的一项重要工作。

终身教育理论打破了"先学习，再工作""踏上工作岗位意味着学习生涯的结束"的传统观念，认识到人的一生都有接受教育、培训的需求，改变了教育时空观，使人们可以在一生当中任何适宜的时间和地点都可以进行学习，从而迈向学习的社会化、终身化，提高国民的整体素质和整个民族的竞争力。

总之，发达国家农民职业教育的发展状况表明，他们已经探索出了一系列农民职业教育发展的宝贵经验和示范模式，这对于我国农民职业教育的未来发展具有极为重要的借鉴意义。但是在学习借鉴的过程中，我们也应该认识到，我国农业发展无论是在农业发展水平、发展阶段上，还是在基本国情上同国外农业发达国家都存在一定差别，比如在我国实行的是家庭联产承包责任制，经营规模有限；农村人口众多，科学文化知识普遍较低等。因此，在学习借鉴发达国家农民工职业教育经验时，一定要注重从我国的基本国情出发。

第三章　新型城镇化战略
与终身职业教育发展需求

第一节　我国农村人口流动现状

　　城乡发展走向融合阶段，迫切内在要求是需要新型城镇化和乡村振兴两者战略联动，其关键是人的合理流动与均衡发展。城乡融合发展的内涵在于农民和市民互动，在农村人口双向流动的基础上重塑城乡关系新主体。不管是农村还是城市，他们都是满足人类生产和生活需要的地理空间。只有人在城乡之间流动才是富有活力和和谐的城乡关系，只有人在城乡之间充分流动才能带动与人直接相关的劳动、资本等要素随之流动，进而实现更大程度的优化配置，因此人的双向流动是重构城乡关系、促进城乡融合发展最为关键的要素。城乡融合的内涵必然要求政府发展理念应从"以物质为中心到以人民为中心"，构建包容性机制，这一机制需要经济增长、人口流动发展、制度公平之间"三位一体"的共享均衡，努力消除排斥性的体制机制，更好满足民众权利发展的机制、制度公平诉求。城镇化战略实施有力促进了农村人口流动并吸纳了大量农业劳动力就业，引起了经济和社会的深刻变革，国家已经形成了以城镇为主的人口分布格局，在新型城镇化发展迈入中后期阶段，中国现代化势必向更高形态的城乡关系演进。与此同时，不管城镇化发展到什么程度，农村人口还会是一个相当大的规模，即使城镇化率达到70%，也还有4亿左右的人口生活在农村，而乡村振兴战略也需要农村人口双向互动与人才强力保障，因此在城乡融合发展战略下对农村人口流动的现状进行梳理和分析具有重要意义。

一、我们农村人口政策变迁与流动概况

随着我国从农业社会向工业社会及由计划经济向市场经济转变，党对农村流动人口政策是伴随这两个转变而发生变迁的，其政策变迁过程体现渐进性、现实性和市场引导性。城乡发展由 "二元制"对立到城乡统筹到城乡一体再到现在融合发展，人口流动的轨迹由限制到放宽再到融合发展路径，这也表明我国人口流动发展的影响因素是单一政策限制到驱动最后到经济、社会、个人综合驱动因素，未来机制必然由外在影响机制逐步转变为内生动力机制。1978年以前的农村劳动力大多滞留在农业领域，当时农业劳动力有2.85亿，占到农村劳动力的92.9%。农村劳动力逐渐向非农产业和城镇转移是受农村经济改革与工业化的双重推动，流动规模不断扩大，纵观农村人口流动过程，从改革开放以来可分为以下几个阶段：

第一阶段（1980—1990年），这一时期的人口政策是由限制变为引导管理，人口流动开始逐步放开，但还是有限的流动。1984年1月，由中共中央发布的《关于1984年农村经济工作的通知》指出："允许务工、经商、办服务业的农民自理口粮到集镇落户。"自此开始，农民进入县城以下的城镇、集镇务工经商有了政策上允许，农村人口流动也因公民身份管理和粮食供给体制改革变得方便了。在此阶段，农村人口流动政策有一定的放宽，但对跨省流动也有一些管控，对人口的"离土不离乡""进厂不进城"等有了规范，但总体上流动程度十分有限，且主要由中央政府自上而下推动，地方政府支持人口流动的积极性不高。而后在1984年10月发布的《关于农民进入集镇落户问题的通知》表明国家放宽了农村人口进入中小城镇就业生活的限制，较好促成了农村人口向城乡流动，在此期间我国流动人口规模由1982年的657万增加到1990年的2135万，每年平均增长近185万。

第二阶段（1990—2010年），这一阶段人口政策总体是服务向统筹规划上转变，其规模和速度增长是快速的。自1990年到2010年这二十年间，流动人口由2135万增加到22143万，年均增长率约为12%。21世纪的流动人口政策发生了重要变化，公平对待流动人口的理念在这一时期被提出并加以贯彻。国务院2006年首次提出的"公平对待、一视同仁"的原则体现在《关于解决农民工问题若干意见》文件中，代表着国家对农民工的流动性公平发展问题的积极关注。

第三个阶段，2011年至今，这一时期是全面市民化和人口流动呈现新变化，政策由城乡一体到城乡融合。党的十八大报告提出"加快改革户籍制度，有序推进农业转移人口市民化，努力实现城镇基本公共服务常住人口全覆盖"，全面市民化推向新阶段。2014年3月，中共中央、国务院印发《国家新型城镇化规划（2014—2020年）》；随后国务院印发《关于进一步做好为农民工服务工作的意见》和《关于进一步推进户籍制度改革的意见》，可见流动人口问题解决的系列政策思路越发清晰，他们的获得感、幸福感日益增强。党的十九大报告要求"破除妨碍劳动力、人才社会性流动的体制机制弊端，使人人都有通过辛勤劳动实现自身发展的机会"。据图3-1可知，2010年至2015年人口增长速度下降较为明显，年均增长率为2%，人口流动由持续增长进入了相对平缓时期。国家统计局公布2015年全国流动人口总量为2.47亿人，比2014年下降了约600万人；2016年全国流动人口规模比2015年减少了171万人，2017年继续减少了82万人。流动人口增长速度处于下降态势，2010年后，增速放慢，2011—2014年基本维持在0.04%左右，但2015年开始出现负增长，速度为"-0.02%"。

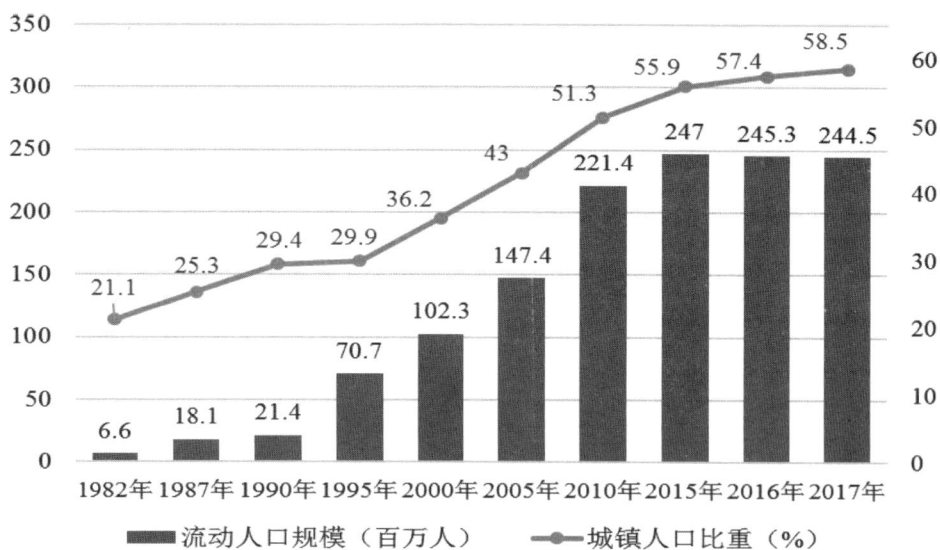

图3-1 1982—2017年全国流动人口规模（单位：百万人，%）

数据来源：《中国流动人口发展报告2018》

二、农村人口流动特征与趋势

（一） 未来农村人口流动规模依然可观

从21世纪初开始，人口流动规模一直是增长态势。尤其是2010年至2014年，这几年间流动人口总量年均增长800万，在2014年达到2.53亿人，占总人口的18.5%，这也说明每五个人中有一个为流动人口；而在2017年的流动人口总体量达到2亿之多，在总人口中的比例接近18%，可见流动人口规模较大，其流动趋势依然明显。观察图3-2可知，从2011年到2014年，我国流动人口总量是在连续增加的；但到2015年后流动人口总量开始下降，近六年来流动人口占比略有起伏，但总体比例还是较大的。随着国家新型城镇化和乡村振兴战略的深入推进，在今后较长一段时期，农村人口规模化流动仍将是我国人口发展及经济社会发展中的重要现象。

流动人口（单位：亿）

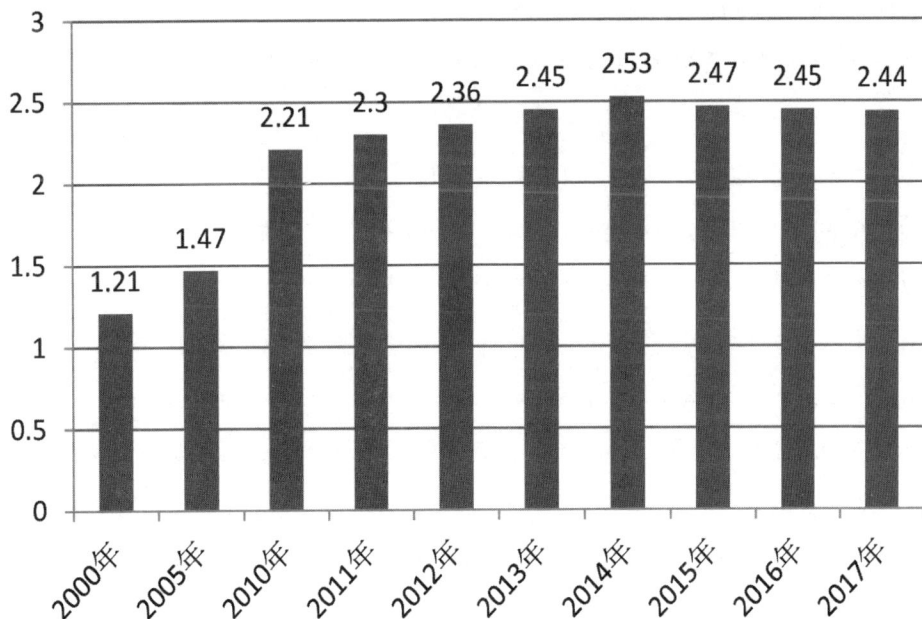

图3-2　2000—2017年我国流动人口情况

数据来源：根据《中国统计年鉴2018》归纳整理

（二）农村人口流动群体出现新变化

农村流动人员的群体特征与人力资本投资的收益、个人身体状况、观念、经济社会发展水平及周围环境密切相关，从20世纪末出现的青壮年劳动流动为主发展到现在的呈现年龄、性别、家庭等因素下的多样化趋势。根据国家卫生健康委员会近几年发布的《中国流动人口发展报告》，新生代流动人口成为"主力军"，近6年来我国流动人口年龄呈持续上升趋势， 16～59岁的劳动年龄流动人口中，80后（出生于1980—1989年间）流动人口比重由2011年的不足50%升至2016年的56.5%；90后（出生于1990—1999年间）流动人口的比重由2013年的14.5%升至2016年的18.7%，呈现稳步增长的趋势。同时，老年流动人口数量自2000年后持续增长，从2000年的503万人增加至2015年的1304万人，年均增长6.6%，随着中国老龄化社会到来，未来老年流动人口还将持续增加。此外，在第三产业进一步快速发展的情况下，农村人口流动中女性务工者比例进一步增加，将来有望超过男性劳动力。随着儿童群体、女性劳动力、老人等流动人口持续叠加，以后出现举家流动迁移的趋势会有所加强，流动人口群体结构也因多变而更加趋于合理。

（三）流动区域将会在省际和省内变化明显

20世纪80年代以前，小规模农村人口流动主要在县域内，改革开放带来东南沿海地区经济优先发展，需要大量劳动力，从土地上解放出来的农村人口跨区域流动不断扩大。全国流动人口由2000年的1亿多增加到2010年的2.21亿，10年时间增长了1亿多人，区域分布上主要流向东部地区，城市群逐渐成为流动人口集聚的主要空间形态，长三角、珠三角、京津冀等三大城市群聚集了多数流动人口。近6年以来，我国人口流动以跨省为主的比例开始缓慢下降，而省域内跨市流动的比例缓慢上升，市内跨县流动则变动较小，这说明人口流动的稳定性逐渐增强，未来省际和省内流动变化明显，省内流动趋势会进一步加强。

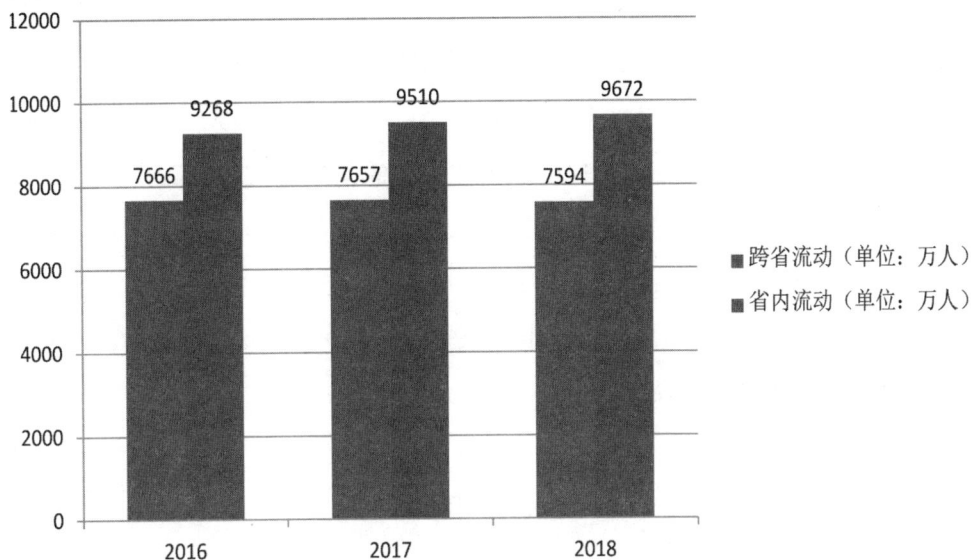

图 3-3   2016—2018 年跨省流动与省内流动的农民工情况

数据来源：根据国家统计局 2016—2018 年农民工监测调查报告归纳整理

（四）农村流动人口就业趋向产业多元化

从流动人口就业的产业趋向来看，人口从农业向制造业和服务业转移，根据国家卫生健康委员会统计的流动人口数据来看，1978 年第一、二、三产业人均创造产值比例为 1：7：5，而从业人员的比例为 5：1：1。在 2017 年末的外出农民工 1.7 亿人当中，许多农民工在城市从事第二和第三产业。拿 2016 年来说，第一、二、三产业人均创造产值比例约为 1：5：4，从业人员的比例为 1：1：1.6，从业人员结构比 1978 年有明显改善，极大提高了整个社会的劳动生产率。人口从劳动密集型产业为主的地区向资本和技术密集型产业为主的地区流动，这有利于区域产业协同发展，从而促进产业结构优化升级和经济增长。今后农村流动人口的产业就业方向更加多元化，就业主体发生转换频率会更高。

（五）农村人口在城乡之间双向流动的态势初显

参照近几年流出地监测数据，在年龄 15 岁及以上的农村户籍人口中，按照从未外出人口、返乡人口、外出人口来统计，比例分别是 57.5%、9.9% 和 32.6%，

23.4%的外出人口返乡，约占四分之一，返乡人口拥有一些技能、手艺的比例达32.2%，而从未外出人口仅为14.3%。从农村流动人口的输入地来看，农民工回流的速度在加快。农民工流入东部地区的数量在减少，速度在下降，已出现负增长，而向中部和西部以及东北回流的速度在加快，西部地区和东北地区的农民工增速分别为5.3%和5.2%。城乡融合发展推进下，将会出现人口流出和回流并存，返乡人口更趋向于非农就业，"回流式"市民化的趋势进一步增强。未来常规人口的流动态势将从自由地"流"向合理地"留"发展，从农村到城市的人口单向度流动也将发展为城乡之间的双向流动。

第二节　农民工市民化的概述

从2010年中央1号文件强调新生代农民工问题之后，国家把推进人口城镇化特别是农民工市民化作为新型城镇化的重要任务。

一、基本涵义

农民工市民化是城镇化的主体，新生代农民工是市民化的生力军。农民工有广义和狭义之分，广义的农民工包括两部分人，一部分是在本地乡镇企业就业的离土不离乡的农村劳动力，一部分是外出进入城镇从事第二、三产业的离土又离乡的农村劳动力，狭义的农民工主要是指后一部分人。新生代农民工已经成长为一个有着区别于其他社会群体的明显特征的重要生力军。其群体特征主要表现为新生性、时代性、农民性和工人性。他们不论作为第一代进城农民的后代，还是城市化扩张的结果，无论在群体优势、主观愿望还是城市工业化、现代化发展的客观需要，都昭示着新生代进城的前途和命运与市民化紧密地联系在一起，市民化是新生代进城农民的根本出路。

农民市民化的本质是农民成为与市民相近乃至同质的市场主体或市场经济条件下的生产要素。衍生出来的是农民在物质、精神层面达到或者接近市民的水平与标准。农民市民化是一项复杂的系统工程，更是一个较为漫长的历史过程，不仅仅包括空间摆布上的城市化格局的调整、从事职业的非农化，还包括一系列角色意识的树立、思想观念的更新、社会权利的履行、行为模式的革新和生产生活方式的转变，是多元化多层次的整体转型过程。我们进一步把农民市民化拓展为五个具体方面的市民化，即"五化"：一是指居住和户籍"城镇化"。农民集中到城镇居住，从单家独院的独居制向立体式楼层制转变。在居住方式上，从乡村亲缘聚居向现代社区居住转变，户籍关系变为城镇户口。二是就业岗位"非农化"。要么自己是市场主体，要么受雇于别人，在生存方式上，生存方式"城市化"实现从以农业为主和兼业农向依赖非农业生存转变。三是技能与素质"专业化"。在劳动技能上强调分工，强调专业化分工与协调要求下的技能提高、素质提高。四是生活与行为"城市化"。在行为方式上，日益摒弃传统规则，而依照现代规则来行事。由传统因循式向现代城市生活靠拢。五是身份与权利"同等化"。实现向城镇户籍身份的转变，并且不再自认为是乡下人和农民，而自认为是现代城市的一分子。一方面进行角色转型，另一方面把外部"赋能"和自身增能相结合，按照城市运行所要求的技能来塑造自我，适应城市，成为合格的新市民。这里"五化"的完成也就是市民化的真正实现。"化"强调过程，强调在时间、空间上双向维度的延展。市民更加强调生产方式和生活方式，或者自办企业，或者成为劳动力要素，不能自给自足，要面向市场，而且要转变和趋同于市民的生活方式。

我国的农民工市民化是可以分两步进行的，即由农民到农民工，再由农民工到市民的过程。作为经济体制转轨和社会转型时期的特殊社会群体，农民工在市民化过程中仅仅只是实现了职业上的地域转变，尚未成为真正意义上的"市民"。农民工市民化严重滞后于工业化和城镇化，呈现出成本"高价化"、进程"二元化"和结果"半市民化"等特征。尤其需要指出的是，在当前中国，农民市民化具有重要表征意义的是市民化的生活方式的确立与市民权利的共享。首先，生活方式转变是首要内涵。精致化的生活方式和特定人群的奢华竞赛，对地区的消费模式以及普通民众的生活追求有着一定的影响。尽管有的调查研究的问题及视角与我们提及的农民市民化不同，但我们认为，这个研究揭示了生活方式的功能意义，尤其是生活方式的经济功能，通过示范消费、潮流性消费、时尚的生活方式，所产生增加消费和带动生产的功效，给经济生活增添了新的活力。因此，生活方式转变、生活方式市民化不仅是立足于微观个体角度的社会生活选择，而是具有深刻经济功能的主体带动效应。从这样的意义上说，农民市民化过程中生活方式转变具有更为内在的表征意义。其次，市民权利的共享。如果生活方式转变具备经济功能诉求与实现的话，那么市民权利共享则是具有典型政治和法律功能诉求与实现。完整意义上的市民不仅仅停留在经济主体的层面，不仅仅满足于物质生活的城市化，而且要体现政治权利、市民权利的享有。这是因为"在中国，没有种族歧视，却有农民歧视。农民歧视根源于新中国成立后在苏联模式影响下的一系列限制和剥夺农民权益的制度安排，农民在这种歧视性制度形成的权利差序格局中不可避免地边缘化和底层化。这种边缘化和底层化主要体现在中国农民政治权益、经济权益和社会权益的缺失，也反映了中国农民的一系列不平等待遇。"因此，正是这种缺失使得权利诉求成为了农民市民化的重要内容。农民市民化具有典型的整体性或有机性，其内容不是平面的或单点式，而是具有层次性和渐进性的一揽子内容，既包含农民社会身份和职业的一种转变，也包含农民居住空间的地域转移，还包含一系列角色意识、思想观念、社会权利、行为模式和生产生活方式的变迁，是农民角色群体向市民角色群体的整体转型过程（市民化）。

中国当代农民市民化问题的重心和根本目标是内涵式市民化，这里有两点，一是技能素质的市民化，二是社会权利的市民化。因为"农民与市民的根本差别在于他们与城市市民处于不同的权利状态，他们的公民权利没有得到应有的保障和尊重，这从根本上制约了农民群体的整体进步和社会化进程，使他们难以完成自身的现代性生成和现代化转型。从农民市民化的内容看，可以大致划分为内涵式和外延式。前者是农民社会身份和职业向市民的转变，更是思想观念、思维方式、角色意识、行为模式、社会权利等的一揽子系统变迁的过程。而外延式的市民化则是指户籍身份破除、市民身份的政策确认，居住空间的地域转移和位置变换、收入增加。

二、市民化的意义

农民市民化是现代化、工业化、城市化的客观需要和必然趋势。一个农业人口大国在由传统农业向现代工业转变的过程中，让很大一部分农民转化为市民，这是对这一转变进程起决定作用的关键环节，也是一个国家真正富强发达起来的重要基础。

农民市民化是一个涉及人口转移、生存、居住、发展、权利保障、角色转换、社会认同等多方面的复杂的转变过程，特别是在我国所特有的城乡二元经济社会体制背景下，处于结构转型、体制转轨的当口，农民市民化的难度大大增加。要顺利推进农民市民化，就需要对涉及上面各因素的多项制度、政策、措施进行改革、建设与完善，劳动就业、社会保障、土地、住房、教育、医疗卫生等各项制度体制的改革与创新都会对农民市民化产生重大影响，而且要使这些方面的制度改革、政策调整、措施完善的步调、节奏和具体内容能够相互衔接、共同推进更是一项异常复杂和困难的事情。农民市民化的推进不仅是一个各项制度、政策、措施不断调整、理顺和衔接的过程，更是一个由粗放的框架式改革慢慢过渡为一个微观的细节调整、机制调节的建设过程。这里需要指出的是，农民工问题的最终解决还离不开整个"三农"问题的解决，也与还将留在农村的农民的前途紧密相关。并不是所有进城打工的农民都要市民化，更不是所有的农民都要市民化。即使非农化的农民，比如农村的乡镇企业的农民工，会有相当部分可能只是"离土不离乡、进厂不进城"，只能成为社会主义新农村的农民。在人多地少的基本国情下，农民市民化过程，将是一个城市、乡村都不断得到发展、农村人口向城市逐渐转移并在具备一定条件后在城市稳定、沉淀下来的过程，无法一蹴而就。因此，农民市民化必将是一个漫长且处于动态调整中的过程。

三、市民化的路径探索

从以往农民市民化探索实践进程来看，其实现路径可以概括为三种：发展小城镇及明星镇、市民化的入城务工模式、大城市辐射带动模式。

（一）小城镇及明星镇发展路径

农村人口流动合理方式应该是城乡一体化的双向流动，而双向流动的关键在于建立城乡统一的劳动力市场，这就需要政府规划建设中小城镇，尤其是建设特色、明星城镇，把构建产业作为载体，这样才可以发展农村相关产业，尤其是加工制造业和服务业的发展。小城镇路径是指通过推动在自然村落居住的农民向城镇聚合，不仅改变居住地点，而且从事城镇第二、第三产业，从思想观念和生活方式上转变为市民的过程和模式。乡镇企业的崛起壮大和大型企业的辐射带动是小城镇路径的根本驱动者。诚然，小城镇建设和发展自然而然会吸引和带动周围农村的劳动力、资金、技术及信息等生产要素不断地从农村中分离出来，流向这些中心小城镇。因此，小城镇的快速发展，特别是第三产业的加速发展，可以成为吸纳农村剩余劳动力的重要载体。大型企业的扩张和发展，提出了为之配套的中小企业布局和发展的要求，由此所形成的小城镇亦带动了农民向市民的转化。

（二）市民化的入城务工模式

此路径是最典型，最基本，也可能是最为彻底的路径。20世纪80年代末，由于我国经济体制改革的持续深化，环境与政策的宽松越来越有利于农村劳动力自由流动，伴随着计划经济条件下的粮油政策的松绑，在客观上为农民工进城提供了更大可能。在这一背景下，诞生了我国农民市民化的一种新模式——进城务工农民的市民化。全国第5次人口普查统计结果显示，农民进城打工成为当代中国农民市民化的重要途径。基于这样的实际情况，在2004年中央1号文件中明确提出：进城就业的农民工已经成为产业工人的重要组成部分。中央政府层面的确认，从根本上界定了城镇农民工是产业工人的身份定位，政策上保障了进城就业农民工的合法权益。其实农民工在城镇工作，集中在商业、建筑、餐饮等行业，通过在非农产业出卖劳动力换取工资报酬，在本质上已经转变为真正的产业工人。

（三）城市辐射发展路径，主要涉及城市近郊的农民市民化，尤其是失地农民的市民化问题

近郊农民也依托土地生存，只是由于这些农村地处中心城市外层辐射区，和城市在空间上存在较为密切的地缘关系，城市的扩张发展依赖于这些农村的土地资源。一旦城市改造速度加快，那些毗邻城市的城郊乡村很快便被划圈到都市新区（如开发区、经开区），农民脱离土地，失去土地使用权，被安置集中居住，于是农民的身份也就自然变成了市民。该模式主要以全国各地的大中城市为主。各大城市各级各类开发区、工业园区、新区、新城的发展无疑在客观上加快了农民转变为市民的步伐。

四、市民化的动力机制

目前，无论从我国推动"农民市民化"的实践看，还是从理论研究来看，不少具体政策和做法大多停留在简单的外延层次，比如"撤村建居'、取消农村户口、新农村建设、社区化管理等，甚至有的地方出现运动式搞农民市民化的现象。从以上讨论的市民化的三种路径来看，在新生代农民工这一群体上，仍然是不成系统的经验总结，要着力从新生代民工市民化的内涵和实施路径来构建市民化的动力机制，这一动力机制是 "市场主导+政府推动+农民主体"的三位一体新生代农民工动力生发机制。市场力量是根本，政府引导助推，提供公共产品和公共服务，做好基础设施创造非农就业岗位，新生代农民工市民化坚持农民自愿原则，引领农民技能培训。市民化，尤其是对农民工彰显农民在市民化过程中的主体地位。市场主导力主要体现在就地城镇化和就地产业化方面，即包括农业产业、加工工业、旅游产业。文化，发达国家的经济社会发展经验清晰地表明，要富裕农民，必须要减少农民数量，加快农村剩余劳动力向非农产业和城市转移，提高农村居民人均资源占有量，使得新生代农民工的收入不断提高。

农民转变为市民不仅是城乡经济社会一体化的最重要的内容，更是城乡经济社会一体化的根本目标，所以在此背景下新生代农民工动力生发机制是由市场主导、政府引导、农民自主驱动三位一体的有序渐进式的融合。农民工市民化基本

思路可以概括为：首先，要结合农民市民化问题本身的系统性与复杂性以及各地区的具体情况，在节奏与幅度上把握科学性与恰当性，把符合条件的农业人口逐步转变为城市居民，有区别、有步骤，既要积极，也要稳妥，统筹安排并不断提高城市综合承载能力，努力走出一条符合国情的特色农民市民化道路。其次，农民市民化整体上应该外延与内涵相结合，从农民市民化内容层次看，切入点是外延式市民化，目标瞄准内涵式市民化，基本要求是层次推进。再次，对于我国农民市民化，从产业载体上看关键是农村相关产业的发展，尤其是加工制造业和服务业的发展。最后，从对象层次上看，首先是失地农民市民化和进城务工农民市民化，重点是强调与突出失地农民中的青年劳动力和新生代农民工的市民化，进而才是全体统筹中的农民市民化。

人多地少是基本国情也是我国的实际情况，新生代农民市民化过程，将是一个城市、乡村都不断得到发展、农村人口向城市逐渐转移并在具备一定条件后在城市稳定、沉淀下来的过程，不可能一步到位。因此，农民市民化必将是一个漫长且处于动态调整中的过程。加快农民市民化，借以减少农村人口，是实现城乡统筹发展，突破二元结构，实现城乡经济社会一体化的基本要求。新生代农民工市民化的动力机制是在农民自身积极努力、外在政策推动、市场化利益机制作用下的共同体，在基本思路的依托下实现多元驱动路径，在政府、社会组织及社会力量（企业、非企业组织）的共同推动下，按照因地制宜、因人而异的具体路径来实现新生代农民向市民的转化，进而成为符合现代市场经济要求的真正意义上的市场经济城镇主人。

第三节　新型城镇化战略需要加快发展终身职业教育

一、新型城镇化战略背景

农村劳动力转移是现代化进程的必然现象，城镇化是一个不以人的意志为转移的客观经济规律。我国较短时期内实现向工业化中期阶段的迈进，造成了大量农村劳动力向城市转移，但农民工身份转换滞后于职业转换。"十二五"以来，党和国家高度重视城镇化工作，把握我国城镇化发展新形势，将城镇化工作重点转移到提高质量上来，实施以人的城镇化为核心，以提高城镇化质量为导向的新型城镇化战略。2013年12月，中央召开改革开放以来的第一次城镇化工作会议，对推进以人为核心的新型城镇化做出部署。2014年，党中央、国务院印发《国家新型城镇化规划（2014—2020年）》，提出五大发展目标。各地区各部门认真贯彻落实党中央、国务院重大决策部署，扎实有序推进各项工作。党的十九大提出使市场在资源配置中起决定性作用，更好发挥政府作用，推动新型工业化、信息化、城镇化、农业现代化同步发展。因此，优化城镇化布局和形态，以城市群为主体形态，促进大中小城市和小城镇协调发展，完善基础设施及公共服务设施，提高城镇可持续发展能力，推进城乡发展一体化，创造人人公平发展的机会，让居民生活得舒心。

党的十八大已明确对我国新型城镇化功能进行了科学定位。随后，2012年12月的中央经济工作会议把新型城镇化作为2013年的6项工作重点，并指出城镇化是中国社会主义现代化建设的历史任务。新型城镇化主要包括两个层面的问题：一是城镇化的产业支撑和权益保障问题，二是实现人由"乡"到"城"的转变。新型城镇化与传统城镇化相比更加强调人本、公正和谐，其核心任务是有序推进农业转移人口市民化。党的十八大强调，要坚持走中国特色新型城镇化道路，推动工业化和城镇化良性互动、城镇化和农业现代化相互协调，促进工业化、信息化、城镇化、农业现代化同步发展。新型城镇化说到底是人的城镇化，最终目的是以新型城镇化保障人的和谐发展，推动经济的发展，使我国顺利跨越经济转型期，促进全面小康社会的推进。2013年，李克强总理提到"要推进以人为核心的新型城镇化"。城镇化战略的实施，是为了提升城镇化质量，发展我国经济，使城镇人口与进入城镇的转移劳动力的生活更加幸福和谐。2014年国家发布的《国家新型城镇化规划（2014—2020年）》对城镇化发展做出了系统完整的规划。

逐步解决常住城镇外来人口的市民化问题，是决胜全面建成小康社会、实现共享发展成果的客观要求，也是提高新型城镇化质量的内在要求。为更好促进城镇外来流动人口融入城镇，共享经济社会发展成果，党的十八大以来，党中央、国务院高度重视农业转移人口市民化工作，把促进有能力在城镇稳定就业和生活的常住人口有序实现市民化作为推动新型城镇化建设的首要任务，提出2020年实现1亿农民工和其他常住人口在城镇落户的目标，并制定一系列举措着力落实农业转移人口市民化工作。

《国家新型城镇化规划（2014—2020年）》发布以后，国务院先后印发《关于进一步推进户籍制度改革的意见》和《关于进一步做好为农民工服务工作的意见》等一系列改革意见和政策，国家发展改革委等15部委制定《推进"三个1亿人"城镇化实施方案》，各地纷纷制定农业转移人口落户目标。绝大多数城市放宽落户限制，全面实施居住证制度，城镇基本公共服务向常住人口覆盖，推动城乡社会保障制度性并轨。一系列政策措施的出台落地，提高了新市民融入城市的能力，加快了农业转移人口市民化的进程，8000多万农业转移人口成为城镇居民，城乡发展协调性进一步增强。

二、主要特征与面临的挑战

（一）主要特征

党的十八大明确提出要"加快改革户籍制度，有序推进农业转移人口市民化"。农民工市民化也引起了学术界的高度关注。总之，农民工进城就业数量逐步增多，他们要求融入城市的愿望强烈，而推动农民工市民化也是统筹城乡、加快新型城镇化建设的重要措施。农业劳动力向非农产业转移是工业化进程的基本内容，农村劳动力向城市城镇转移是城市化的主要特征，因此，从工业化与城市化两者关系演进来探讨我国农村劳动力转移机制和农民工市民化机制，有助于理解与把握农村劳动力转移的一般规律与农村劳动力转移的基本特征。

传统城镇化以农民工为主体，以流动就业为主要形式，并没有很好地完成农村人口向城镇人口的落户即市民化，造成了城镇发展大大滞后于农村人口转移的事实。新型城镇化注重城镇化发展的质量，在城乡统筹中推进城镇化与新型工业化、农业现代化的协调，其核心内容就是以人为本的农民工市民化。新型城镇化发展具有与传统城镇化的不同特征：首先，发展理念不同。转变简单追求城镇产业发展、城镇面积扩大的理念，到注重以人为本，注重人的生活质量与幸福感的提升。第二，发展方式转变。改变以往简单粗暴，以污染环境和资源浪费为代价的生产方式，到资源节约、环境友好、健康可持续的城镇发展新方式。第三，发展动力更新。改变以往以传统第二产业带动经济发展，推动城镇建设，到以第三产业，新兴信息化产业推动城镇经济建设。第四，城乡关系调整。改变以往只注重城镇发展，鼓励人口向城镇转移，弱化乡村建设，到注重城乡一体化发展，鼓励就地城镇化，给予农村发展更多优惠政策。最后，城镇体系建设完善。要么转变以往只注重大城镇发展，要么只注重中小城镇发展，到强调大城镇带动中小城镇发展，建设城市群。

中国的城镇化发展过程不同于西方发达国家，是大国城镇化、候鸟式城镇化和政府主导的城镇化。城镇化带来了城市空间的扩大，但并没有相应产生人口城镇化。结合世界银行（2011）的研究发现，中国的城镇化仍处于世界第三梯队，虽然按照 2017年的58.52%的城镇化率应该进入第二梯队，但是由于常住人口统计的城镇化率中尚有2.8亿农民工并没有完成市民化转换，户籍人口城镇化率仅为 42.35%，因此，进入第二梯队尚需解决好城市中庞大的农民工群体的市民化身份转换问题。《国家新型城镇化规划（2014—2020年）》也提到了同样的问题：大量农业转移人口难以融入城市社会，市民化进程滞后；"土地城镇化"快于人口城镇化。城镇化是一个自发过程，农民进不进城，进哪个城市，应该让农民自主选择。政府要做的更多是让进城的农民能够找到一份安身立命的工作，享受到和城里人一样的公共服务，享受平等的发展机会。

农业人口向城镇转移是城镇化的核心要义，农业转移人口市民化是新型城镇化的本质要求；农产品不仅是城镇人口的最基本生活资料，也是轻工业维持生产的原材料。如果没有农业人口向城镇转移，城镇化将成为无源之水，无本之木，也就无从谈起；没有农业转移人口的市民化，新型城镇化的质量将不会高，也难以实现健康发展，也不能使城镇化促进经济社会发展的强大功能和作用充分发挥出来。没有农产品为城镇人口提供基本生活资料、为轻工业生产提供生产资料，农业人口就会因为缺衣少食无法在城镇中生存下来，轻工业就不能为居民提供更充分的生活资料，直接导致城乡居民生活水平的下降。

（二）城镇化对新生代农民工职业技能发展带来的挑战

城镇化的快速发展给全社会带来了多方面的影响，特别是对于新生代农民工的发展，挑战更为突出。

1. 新生代农民工的职业分布和技能发展受到挑战。从农民工职业转化的轨迹看，我国农民的职业化分为两个过程。第一是原有的农民职业化，即成为社会分工中一种职业门类，以农业生产为一种职业，这是改革开放前，大多数农民的基本职业状态；第二是逐渐走向职业工人，随着大量农民转移向非农产业部门，农村劳动力逐渐成为职业工人。这是一个巨大的转化，也是具有重要意义的转变。对社会而言，这是工业化、城市化的必然结果，也是必备条件；对农民来说，是从"农村人"走向"城市人"的必经之路。很多学者称之为农民工的"市民化"。世界各国经济发展的历史经验表明，工业化和城市化必然伴随着农村劳动力向非农产业转移的进程，而农村劳动力转移的关键步骤是职业发展，即摆脱农民身份，而成为职业的产业工人。与我国高速发展的城市化进程相比，我国农民的职业发展进程远远滞后，第六次人口普查结果显示，从事农林牧渔水利业的生产人员约占全部乡村劳动力的75%，这表明，我国农村劳动力转移到非农产业之后，在观念和制度上都未摆脱农民的身份，大多数人保持着农业和非农产业之间的"兼业"身份。这显然不能满足快速工业化、城镇化的发展要求，也对农民工自身发展带来了障碍。新生代农民工与他们的父母在文化程度、思想观念等方面有了很大差异，但其职业发展，特别是在基本职业状态方面尚未能摆脱此种束缚。职业身份的转变是一个全面的过程，也是一个涉及思想观念、综合素质、生活方式等多方面的转化的过程，而专业技术在其中占有不可替代的重要位置。城镇化是以城乡统筹、城乡一体、产城互动、节约集约、生态宜居、和谐发展为基本主题的城镇化。其核心在于以科学发展观为引领，是吸纳城乡基础设施一体化和公共服务的均等化，最终促进我国社会经济的持续健康发展的过程。城市的出现与繁荣，其核心在于对人的各种需要的满足以及由此产生的人与人之间在市场经济中的协作。在我国加快发展城镇化的战略布局中，社会经济各部门的分工更趋专业精细，并在专业化基础上相互合作，由此对劳动力的要求必然发生转变——由普通劳动力向专业技能型劳动力转变，这对城镇主要劳动力来源的新生代农民工带来了专业技术方面的巨大挑战。所以，新生代农民工的职业技能发展与职业化是相互促进的过程。一方面职业化需要从业人员具备职业能力，因此需要相关的培训以促进新生代农民工的技能发展；而另一方面，新生代农民工技能发展会给其就业机会和薪资水平都带来益处，促进从业稳定性，进而促进职业化。新生代农民工的职业技能发展既是工业化和城市发展的内在要求，也是促进新生代农民工职业化的必由之路。目前我国新生代农民工的技能发展水平限制了其职业发展，职业技能水平较低，甚至很大一部分人没有接受过系统技能培训，加上农村人口总体上文化素质较低，人力资本质量不高，因此很多新生代农民工在就业机会方面受到明显限制。这种状况与当前经济发展模式的转型对劳动力的要求显然存在巨大差距。

2. 新生代农民工身份的转换与认同面临着尖锐挑战。新生代农民工较其父辈具有更高的文化程度，职业技能发展方面有不同于父辈的特征。一是新生代农民工有着强烈的城市融入愿望，大都不愿意回到农村务农。老一辈农民工生活在传统和变革过程中，改革开放后我国农村实行联产承包责任制，农村按人口实行土地承包，在传统观念的影响下，大部分农民舍不得完全离开土地。在家庭内部的劳动分工上产生了较为普遍的"男工女农"或"老幼留守"现象，而且从事非农产业的劳动力也可以在工作间隙经营农业。新生代农民工不同，无论从情感还是从生活上，他们都"立足于乡村文化向都市文化迈进的前沿。在城市文明的洗礼下接受新价值观的冲击，在痛苦的蜕变中实现着人格的转换"。二是新生代农民工融入城市的强烈愿望与制度壁垒存在尖锐矛盾。我国城乡二元结构以及与农民工相关的社会保障制度的不健全，实际上将农民工隔离在城市之外，农民工进入城市有着无形的、但巨大的壁垒。由于失业或养老等原因，老一代农民工一般把重新从事农业生产当作"退路"。而受教育水平较高的新生代农民工，虽然对摆脱农民身份有着强烈的愿望，但难以逾越制度障碍，很难形成城市人的身份认同。三是新生代农民工职业发展，特别是专业技术的提高面临体制上的挑战。对于城市生活缺乏认同、却也不愿再以农民身份生活的矛盾心理，使得新生代农民工既有技能发展的强烈需求，同时又有前途渺茫的担忧。目前从事非农产业的新生代农民工大多集中在相对初级的岗位，这些岗位对技能水平的要求比较低，从事建筑业和制造业的新生代农民工的比例占到一半以上。此种状况的后果是新生代农民工对城市生活和所从事职业缺乏认同，强烈的社会定位冲突和自我认同心理冲突对这一群体的职业技能发展也形成了严重的负面影响。

3. 新生代农民工职业技能发展意愿与自身条件不相适应。国家统计局历年的《农民工监测报告》表明，文化程度与接受培训呈正比关系，即文化程度越低者接受的培训越少，其原因在于"受教育程度较高的新生代农民工更容易意识到职业培训对自身工资水平的增长效应，更加偏好未来的高工资收入而不是即期效益"。近年来，在新生代即1980年以后出生的农民工中，高中文化程度所占比例明显增加，仅从《2013年全国农民工监测调查报告》看，初中占60.6%，高中占20.5%，大专及以上文化程度占12.8%，这说明新生代农民工技能发展的需求随着整体文化程度的逐步提高而逐年增加。但总体文化程度不高，依然是制约新生代农民工的技能发展的重要原因。另一方面，部分新生代农民工对于职业技术学习重视度不够，缺乏职业生涯规划的意识。国家统计数据也表明，2013年新生代农民工群体参加过职业技能培训的比例仅占32.7%。新生代农民工个体对自身技能发展有着比较强烈的意愿，但对培训项目及其作用的认识不够。此外，新生代农民工自己所承担的培训成本过高也是培训参与程度不高的原因。雇用新生代农民工的企业对其职业生涯规划并不重视，或根本对此没有意识，也是新生代农民工专业培训率低的重要原因。

4. 新生代农民工职业技能发展还面临着结构上的障碍。首先是职业技能发展水平与就业结构失调。随着我国进一步工业化，城市经济发展和规模迅速扩大，城市中新生代农民工的数量不断增加，但是就业结构与劳动力转移规模增大的现状不相适应。突出表现在技能型人才的缺乏，企业需要大量的技术型劳动力，新生代农民工的技能发展水平无法达到企业的用工要求，造成了"民工荒"和就业难两种现象并存。新生代农民工的技能发展既是自身就业的需要，也是我国经济结构调整的需要。同时，教育培训主体结构不够合理。当前新生代农民工技能培训的实施渠道包括政府组织和雇用企业培训两类，除了公办的职业院校和劳动部门的培训外，还包括大量的民营培训机构和企业内部的培训部门。这些培训机构的运作存在很多问题，如经费分配不合理，根据与政府的亲疏关系和机构负责人的"公关能力"获取培训经费；课程设置、教学计划和教学组织环节不规范，不能满足新生代农民工"非正规学习"的培训需求；培训质量参差不齐，甚至存在民营机构虚假宣传的情况。

三、新型城镇化的发展方向

人口合理流动带来新型城镇化的转向机遇，而农民工市民化是我国新型城镇化的核心和关键。我国的新型城镇化发展规划从五个方面为新型城镇化的发展指明了方向。首先对城镇化发展本身的质量与水平提出了要求，城镇化的发展不仅是人口增多与城市面积扩张，更重要的是保障发展的质量；二是城镇发展的布局合理优化，提升西部地区的城镇化发展水平，发挥大城镇的带动作用，提高中小城镇的公共服务能力；三是城市的发展模式要更加科学化，打造新型绿色生态发展的城镇；四是城市更加适宜人的居住，改善城市交通、空气、饮水等问题，使城镇向更加人性化的方向发展；五是城镇发展中，体制机制更加健全，完善城镇化发展中的体制机制。新型城镇化规划最重要的是人的发展，因此规划首先提出要推进转移劳动力的市民化，也就是以人为本的新型城镇化发展观；其次是新型城镇化要布局城镇的建设；再次是城镇化的可持续发展观，推动城镇可持续发展的能力；最终推动城乡一体化发展；最后完善城镇发展体制机制；以及推进城镇化顺利实施的一系列保障措施。

新型城镇化从城镇发展的方方面面做出了布局规划，但归根结底新型城镇化重点在于提升城镇化发展质量，提高我国经济的可持续发展能力，建设布局合理、环境友好的新型城镇，促进共同富裕，使我国全面进入小康社会，保证促进城镇发展的人能享受新型城镇化带来的成果。

表3-4 新型城镇化规划

常住人口城镇化率	60%
户籍人口城镇化率	45%
农业转移人口和其他常住人口落户城镇人数	1亿左右
城镇失业人员、农民工、新成长劳动力免费接受基本职业技能培训覆盖率	95%
各类培训机构对农民工的职业培训（人次/年）	1000万

数据来源：根据《国家新型城镇化规划（2014—2020年）》综合整理

新型城镇化中农民工市民化的主要过程在于社会的融合和人力资本持续提升。社会融合是个体之间、群体之间、文化之间的碰撞、交流、适应和接纳的过程，是移民与主流人群通过共享历史经验，相互获得对方的记忆、情感、态度，而最终融合于一个共同的文化生活中的漫长过程。这其中，移民所具有的人力资本至关重要，显著影响着他们在流入地的生存、生活和发展的状况。尽管经济学家更多关注迁移者的人力资本与收入之间的关系问题，但其研究思路对社会融入的其他维度也具有借鉴意义。受教育程度既是农民工自身人力资本的体现，也是获取其他人力资本外部正效应的重要手段，这直接关系到农民工适应新环境、学习新知识、社会交往以及劳动市场上的讨价还价能力。城镇化不仅是包括人力资本在内的各种生产要素为追求更高回报率而在特定空间集聚的过程，而且标志着人们的生产和生活方式由传统乡村社会迈入现代都市社会，进而深刻改变国家的历史进程和发展轨迹。未来，城镇对流动人口由经济制度接纳向经济、社会制度共同接纳转变，流动人口政策重点由就业服务向就业、定居服务并重转变。

四、新型城镇化战略对终身职业教育的需求

《国家新型城镇化规划（2014—2020年）》中指出：以人的城镇化为核心，合理引导人口流动，有序推进农业转移人口市民化，稳步推进城镇基本公共服务常住人口全覆盖，不断提高人口素质，促进人的全面发展和社会公平正义，使全体居民共享现代化建设成果。加强农民工职业技能培训，提高就业创业能力和职业素质。整合职业教育和培训资源，全面提供政府补贴职业技能培训服务。强化企业开展农民工岗位技能培训责任，足额提取并合理使用职工教育培训经费。鼓励高等学校、各类职业院校和培训机构积极开展职业教育和技能培训，推进职业技能实训基地建设。鼓励农民工取得职业资格证书和专项职业能力证书，并按规定给予职业技能鉴定补贴。加大农民工创业政策扶持力度，健全农民工劳动权益保护机制。实现就业信息全国联网，为农民工提供免费的就业信息和政策咨询。加强科普宣传教育，提升农民工科学文化和文明素质，营造农业转移人口参与社区公共活动、建设和管理的氛围。城市政府和用工企业要加强对农业转移人口的人文关怀，丰富其精神文化生活，城镇化的漫长过程迫切需要终身职业教育。

（一）新型城镇化与现代职业教育互动关系

现代职业教育强调"适应需求、面向人人、有机衔接、多元立交"，其对于新型城镇化过程中需要破解的产业支撑、提升农民职业能力、提升公共服务水平等瓶颈问题具有十分重要的战略意义。推动专业与产业对接，服务产业结构调整。新型城镇化必然带来区域产业结构的调整，区域中心城市的传统产业结构将朝着先进制造业和现代服务业转型，同时以传统制造业为主的小微企业将在小城镇迅速扩张。无论是传统产业的转型还是小微企业的崛起，都需要相应的要素和资源去支撑，而技术和人力资源不可或缺。现代职业教育必须了解新型城镇化背景和经济结构调整的动向，以市场需求为导向，优化专业设置，推动专业与产业对接，不断提高专业与产业的耦合度。一方面能够为新兴产业提供高技能人才支撑，缓解产业发展中的技术人才供给的结构性失衡问题；另一方面也能为小微企业提供技术支持。发展小微企业是防止新型城镇化"产业空心"的有效办法，它面广量

大，急需技术支持，而这些技术支持不是研究型高校关注的，恰恰是高职院校的主阵地，要通过建设一批公共技术服务平台、一批区域性研发中心、一批小微企业创业孵化器，为小微企业的技术升级和农民的创业提供"一站式"服务。

（二）新型城镇化对职业教育的战略价值

推进新型城镇化和加快发展现代职业教育同属国家层面的两个重大战略部署，厘清各自的规律、特点和路径，对推进现代职业教育对接服务于新型城镇化具有十分重要的意义。随着城镇化进程的加快，出现了土地城镇化快于人口城镇化的普遍状态，失地农民被迫市民化，主动型与被动型职业转换并存。随着新型城镇化的到来，新生代农民工市民化愿望越来越迫切。与此相适应，新生代农民工市民化需求驱动职业流动和职业转换交织并存。

从新生代农民工生存取向和地位取向来看，在土地城镇化以及产业转型背景下农民工被迫型与主动型职业转换同时存在。被迫的职业转换并没有达到农民工心理预期，相应的职业转换期望以及行为动机应运产生。对于多数而言则由于存在市民化愿望的内在需求，在城市间就业市场上频繁流动追求新的就业岗位或者岗位提升。职业转换行为本身就是生存环境、社会地位变化的过程，其间教育的促进价值显然不可小觑，农民工职业教育的功能与价值已获得当今社会广泛认可。在从新生代农民工生存取向到地位取向转化期间，职业流动与学历、收入、知识技能积累是密切相关的，对于低学历或低技能的劳动者，职业流动是提高收入的最重要途径，而低收入者又往往通过提升职业转换的资本（如人力资本）以实现向上的职业流动，获得一定的经济、社会地位。

2010年的中央1号文件第一次明确提出"新生代农民工"的概念并指出新生代农民工职业教育问题。这一阶段学者围绕企业需求与职业转换职业能力素质研究新生代农民工职业转换问题，研究大致分为职业素质、投入机制、新型培训模式、培训服务体系等几个方面。面临农业转移人口走向市民化的新型城镇化之路，职业教育应顺应这一趋势加快发展，加快构建以城市群建设为载体的中小城市、城镇协调发展格局的职业教育全覆盖体系。经济要发展，教育要先行，毋宁说职业教育能够解决就业这一短板问题。

以人为核心的新型城镇化需要多方位的协调发展，而新生代农民工市民化和职业发展能力的内在协调则需要诸如成人教育、职业教育、高等教育等多种形式的协同作用。在我国教育体系中高等教育、职业教育和成人教育交叉性比较明显，但三者的融合发展却缺乏有效的协同机制，成人教育、职业教育、高等教育等多种教育形式在促进新生代农民工职业成长过程中应协同形成职业教育（生计教育）和发展教育（素质教育）并重的持久机制。农村职业教育和新型城镇化的关系研究相对统一，一方面新型城镇化发展对农村职业教育提出了新诉求，产生了重要影响，另一方面农村职业教育发展对新型城镇化发展具有促进作用。

（三）凸显民生教育的本质，服务城乡统筹发展

促进就业和教育公平是职业教育民生本质的最好体现。而就业是最大的民生，教育则事关未来，解决新型城镇化后农民进城的就业和教育问题，是推进城乡统筹中不可回避的。发展职业教育特别是高职教育可以较好地解决这两个问题，一方面职业教育是以就业为导向的教育，其目标定位非常明晰，通过培训，可以很快提升受教育者的就业技能，提高农民的就业质量，为农民市民化后的人生出彩奠定坚实的基础，为不同阶层青年实现人生梦想提供公平的发展机会，以职业能力建设来促进社会的纵向流动；另一方面，高职教育作为一个重要类型的教育，在推动我国高等教育大众化进程中居功至伟。目前，中职、高职、本科相互衔接，普教、职教多元立交的现代职业教育体系已经初步确立，它同样可以较好地满足城镇化后广大适龄青年接受高等教育的需求，让不同社会阶层可以自由、平等地选择和共享接受高等教育的机会，从教育公平层面去推动社会公平的实现。

（四）按照公共与公益的特质，服务人的全面发展

新型城镇化回应了农民群众对美好生活向往的诉求，但要真正实现"城市让生活更美好"的初衷，不仅需要靠硬件投入，还需要民众自身素质的提升。现代职业教育在构建终身教育体系、服务民众身心的全面发展上同样应该发挥主渠道作用。一是要立足职业生涯规划，面向职业迁移性，坚持为城镇化进程中的农民、产业工人、失业大中专毕业生、复转军人等不同社会成员在不同的发展阶段提供

相应的职业培训服务；二是要着眼人的内在发展需求，大力推进社区大学建设，发展社区教育，实施新市民素质提升计划，使人的发展与城市发展同步；三是利用人才和阵地优势，发挥文化传承的作用，面向社会公众提供优质的文化艺术产品，满足人的精神消费需求。

新型城镇化必须提升公共服务水平。新型城镇化是促进社会全面进步的必然要求，是破解城乡二元体制和城市内部二元结构的有效途径。而这其中的关键因素之一是公共服务产品的供给逐步实现均衡化，在城镇化进程中物化的公共设施供给已经不是问题，难点在医疗、教育和精神文化产品等公共服务上，其中教育是关键和难点，它事关社会成员接受教育的水平、职业能力培养、精神文化生活的满足等，所以提升公共服务水平首要的是提升教育供给的水平。教育作为公共服务，一是要广覆盖，二是要上水平。广覆盖是解决人人享有的问题，上水平是解决供给质量的问题，是逐步解决农民市民化后"同城待遇"问题。公共服务的改善将全面促进城镇功能的完善，提升居民生活质量，逐步破除两个"二元"矛盾，促进人民共享现代文明成果。

从职业教育服务新型城镇化建设维度审视，职业教育在供给侧层面通过培养新生代农民工，将其转化为人力资本，服务新型城镇化。依据新型城镇化的目标要求，通过职业教育将农村转移劳动力培养转化为人力资本，使其成真正的产业工人，同时又以终身职业教育与学习的形式实现人力资本的持续升值，有利于使农村转移劳动力通过知识技能的长久增长与提升，促进其在城镇"稳得住、留得下"，实现更加充分、更有质量的就业。正是终身职业教育这种持续的人力资本转化与服务，为推进新型城镇化建设与发展提供了重要的人才动力。另一方面，从新型城镇化保障职业教育发展维度解读，新型城镇化的发展，能为职业教育的持续发展提供强有力的物力保障与财力支持。因为城镇是终身职业教育的重要消费终端，更是其生存依托，较高的城镇化水平意味着一个国家和地区拥有良好的经济与财富水平，这将为终身职业教育系统良性发展和农村转移劳动力教育培训提供长期的强劲的物力、财力保障与支持。

第四章　新生代农民工的主要
特点与基本状况

第一节　新生代农民工的主要特点

当前我国"三农"问题的核心是农村剩余劳动力的转移问题，即农民工问题。近年来，以占农民工总数过半的80后、90后为代表的新生代农民工不断走上中国经济建设的历史舞台，他们渴望被城市接纳，不再做匆匆过客；渴望在城市安家，不再回农村种地。和传统农民工相比，新生代农民工外出务工不再满足于依靠简单的体力劳动生存，而更倾向于提高个人技能以谋求发展；不再满足于在城市打工挣钱后再回村务农，而对融入城市怀揣更多的梦想和期盼。然而，生活在城市底层的新生代农民工难以拥有、体验到和市民相同的权利及待遇，其重要原因一是由于自身技能的不足，二是城市在户籍、住房、医疗等很多方面尚未做好接纳他们的准备。在今后很长的一段时间内，如何帮助新生代农民工尽快融入城市，解决他们面临的诸多现实问题，越来越成为学界和政界各方必须直面的公共课题和重要议题，但在解决这些问题之前，我们首先要对新生代农民工特点进行一个深入的认识和理解。

一、农民工群体的类别认识

农民工是在我国城乡分割的二元结构制度体系下产生的特殊群体。农民工这个称谓，是从"盲流""流民""打工仔""打工妹""二等公民"等称谓演变而来的约定成俗的称呼。1983年，学者张玉林首先提出了农民工一词，认为其有"农民"身份和"工人"两种内涵，在其著作《社会学研究通讯》中将农民工定义为

"户口在农村，却在城镇务工的劳动者"。在李培林看来，农民工的概念包括三个层面：地域上，从农村向城市、从欠发达地区向发达地区流动；职业上，从农业向非农产业流动；阶层上，从低收入的农业劳动者阶层向较高收入的阶层流动。李红艳在《乡村传播学》中指出，农民工既是初级社会群体，又是次级社会群体，具有中介性、复杂性和过渡性三个特征。刘传江认为，农民工是从农民中率先分化出来从事非农产业并与原来土地仍保持一定联系，不具有城镇居民身份的人。综上可见，农民工实际上是指户籍在农村，工作地点在异地城市，主要从事产业为非农产业又在不同程度上兼顾家庭农业生产与农村土地保持较为紧密联系的人口。

新生代农民工这个概念最先由王春光于 2001 年提出，他认为新生代农民工即指年龄在 25 岁以下并于90年代及以后外出务工谋生的农村流动人口。2010年6月21日，全国总工会新生代农民工问题课题组在《关于新生代农民工问题的研究报告》中指出，新生代农民工指出生于20世纪80年代以后，在异地以非农就业为主的农业户籍人口。报告指出，新生代农民工的身上具有时代性、发展性、双重性和边缘性四大群体性特征。时代性是指随着当今物质生活的逐渐丰富，新生代农民工的求职需求已由上一辈农民工的生存性特征转变为发展性特征，由生计所迫而谋生转变为增长见识谋发展。同时，科技的进步使得新生代农民工的思想更为多元开放，思维也更加活跃，对城市文明和城市生活充满向往；发展性则体现在新生代农民工虽然在就业观念方面发生了积极的转变，但是，他们的职业道路尚处于起步阶段，加之他们对许多问题的认识还不够深刻透彻，因此，其在职业发展上依然存在较大的变数；双重性包括两个层面，一方面，新生代农民工的户籍身份是农民，另一方面，从谋生角度看，新生代农民工靠进城外出务工谋生，他们对工资水平的高低和工作条件的改善尤为关注，所以又具有工人的属性特征，老一代农民工身上的农民属性随着时代的发展在新生代农民工身上可以说已经完全退化；边缘性则是指尽管户籍身份是农民，但许多新生代农民工并没有在田间地头劳作过，可要说他们是城里人，他们又难以真正被城市接纳，所以新生代农民工不管于城市还是于农村，都是很大程度上被边缘化的角色。

二、主要特点

在改革以后，城市工作机会的大幅度增加，工资水平不断地提高，逐渐超过了基于土地所能提供的生存和保障功能的货币额度，越来越多的具有较高的文化素质和职业技能的农民工逐渐脱离农村，选择留在城市生产生活。新生代农民工与以往的农民工相比，普遍较为年轻，出生于改革开放以后，具有较为先进的思想观念。这样，农民工群体就发生了分化，分化为第一代农民工群体和第二代农民工群体，第二代农民工群体即为新生代农民工这一新群体。

（一）新生代农民工具有较高职业技能和科学文化水平，但又不能充分适应城市的发展需求

国家统计局近年来的调查显示，外出农民工的受教育程度高于农村从业劳动力的平均水平。同时，在全部外出农民工中，新生代农民工的受教育程度更高。特别是中专和大专及以上文化程度的比例，新生代农民工明显高于上一代农民工。虽然新生代农民工受教育程度逐年提高，但从平均受教育年限看，新生代农民工的平均受教育年限为9.8年，而上一代农民工的平均受教育年限仅为8.8年。一方面，新生代农民工得益于这个时代所带来的机遇，他们的科学文化水平与传统农民工相比大大提高，他们的职业技能水平也在整体上大幅度超过了传统农民工，因而也就更能够适应城市的发展要求；另一方面，新生代农民工的这种适应性是相对的，即相对于传统农民工而言，新生代农民工更能适应城市的发展要求，但对于城市的产业发展而言，新生代农民工则表现为比较明显的不适应。

（二）新生代农民工更加注重自身的发展需求，更向往城市的生活方式，但本身又包含着保守的方面

改革开放以来，我国经济社会飞速发展，物质生活资料日益丰富，新生代农民工生活在物质相对富足的时代，更加注重自身的发展需求。新生代农民工不仅在职业上完全脱离了农村，而且在日常生活上也脱离了农村，他们更希望在城市拥有自己的住房，能够一直在城市工作和生活，并在将来的某一天拿到城市户籍成为市民；但由于新生代农民工成长于农村，难免受到农村和农业的影响，与我

国较为传统的农业生产方式和经营管理模式相适应，他们的生活方式仍然比较传统。

（三）新生代农民工拥有较为开放的思想观念，但与城市发展的要求仍有一定的差距

一方面，新生代农民工由于长期生活在城市，他们的思想观念与市场经济发展状况更加适应，更容易去接受社会发展过程中出现的新的东西，更乐于去探索新的未知的世界和各种领域；另一方面，新生代农民工从出生开始就在农村生活，经过长期农村生活的积淀，他们头脑中仍然包含着一些不符合城市现代化发展要求的相对落后的思想观念。自身综合素质在一定程度上制约了新生代农民工精神生活的健康发展。新生代农民工与他们的父辈相比，观念上更加认同城市，感情上更加渴望融入城市生活，工作动机上由经济型转向发展型，文化程度相对较高，价值观上趋向多元化。与父辈相比，他们更希望有自由支配的时间，而不是为增加收入而加班，可是现实中他们并没有太多的时间消除疲劳、释放压力、享受生活。经济收入较低的新生代农民工，其精神文化消费能力受到极大限制，除去每月基本的生活开支，收入所剩无几。传统的小农思维方式表现为因循守旧、求稳怕变、自我封闭、知足常乐，在这种思维方式的禁锢下，农民工很难具有广阔的视野和灵动的思维，加之他们在城市中的尴尬处境，更容易使他们在思想观念和精神境界方面处于一种自闭的状态。新生代农民工受到文化科技素质的制约，心理素质不高，心理适应能力和情绪控制能力不强，导致他们自信心和信任感缺乏，容易产生自卑、沮丧、愤怒、怨恨等负面心理。再加上受到思想观念的制约，即使新生代农民工融入了城市生活，其传统的价值观念、思维方式也很难在短期内改变。

（四）待遇低稳定性较差，阶层流动相对处于低端

尽管新生代农民工的工作地多在沿海开放城市或省会等大城市，可是就业于非正规部门的他们就业环境恶劣，多是处在城市的郊区或者城中村等地点，这些地方拥挤不堪，卫生环境差，生存密度极大，在一所院子当中可以达到几十户人家，甚至一些都是拖家带口，有老人和小孩，形象诠释了"在夹缝中求生存"的

境地。同时在非正规就业部门通常是没有成规模体系的工作系统，并未设置相关工作岗位与管理层，只是缺打下手或者缺"力气活"的工种，新生代农民工往往就业于这样的角色工种，他们的就业地位也都是较为边缘或极具可替代性的工作，导致随时面临因为一时失误而被解雇的困境。虽然与上一代农民工相比，新生代农民工的文化程度和参加职业培训的比例相对较高，但是新生代农民工的月收入水平明显要低于上一代的农民工。其中主要的原因是新生代农民工外出工作的年限较短，积累的工作经验较少。可见，在农民工的工资构成中，工作经验起着更为重要的作用，技能的增长主要通过干中学和熟练程度的提高来实现。

（五）工作耐受能力相对较低

相对上一代农民工，新生代农民工受教育程度明显提高。据调查显示，新生代的农民工接受过职业培训的人员所占比例较上一代农民工高，可以通过书籍、网络获得大量的信息为自己服务，而且更易接受新事物，更容易适应城市的生活方式。然而新生代农民工多数是刚从学校出来进入城市，不具有上一代农民工那样比较丰富的农业生产活动等经验。同时，我国目前的职业教育还尚未很好地适应新形势发展的需要，很多新生代农民工基本上没有受过专门的职业技能培训和安全培训，更没有传统的师傅带徒式的技艺传授过程，因而新生代农民工的技能水平总体呈下降趋势。因此，多数农民工只能从事普工，而非技工。另外，对工作岗位比较挑剔，不像上一代农民工那样甘愿做"苦、累、脏"的粗活。主要表现有以下几个：

1. 新生代农民工的生活压力较小。新生代农民工与老一代农民工进城务工的目的偏重有所不同。老一代农民工主要是在农闲的时节外出打工，外出打工的主要目的是"挣钱"，缓解家庭的生活压力；而新生代农民工进城务工的目的虽然也提到了"挣钱"，但是他们基本没有养家糊口的生活压力，只要能够满足自己的生活支出就可以；而且当收入不够维持其城市生活时，还有家庭作为后盾支持。所以，新生代农民工在低生活压力的境况下，工作耐受能力也就较低。

2. 新生代农民工的工作经验较少。新生代农民工的生活环境较老一代农民工有了很大的改善，在进城打工之前，很大一部分人都是在学校读书，缺乏农业生产活动技能，基本没有务农经验和社会工作经验。有调查显示，"新生代农民工中缺乏基本的农业生产知识和技能人数的比例高达60%，完全不会从事农业生产活动的新生代农民工的比例达到 24%"。因为他们缺乏务农这种高强度的劳动经验，所以对其他职业的耐受能力也会降低。

3. 新生代农民工缺少挫折教育。新生代农民工中大部分成员的共同特点是忍耐性、包容性以及独立性不强，甚至很差，而且承受困难与挫折的能力很低。因为大部分新生代农民工都是在溺爱的家庭环境中成长的，一直以来很少吃苦受罪，而且一旦有不顺心，就会使小性、闹脾气来宣泄，这导致他们在工作中也养成这样的脾气。工作时吃不了苦，对工作环境、工资要求却越来越高，不能勤勤恳恳、踏踏实实地工作，遇到不如意、不顺心就会跳槽、离职。有调查数据显示，新生代农民工的离职率很高，过于频繁的离职，使他们对每个行业的技能水平仅停留在"最基础"的层面，很难有提升的机会。

三、新生代农民工与老一代农民工的主要区别

"我们不一样"是很多新生代农民工的鲜明特征。相比于老一代农民工，他们受教育程度更高，善于接受新事物，愿意提升自己，在学习培训方面也舍得投入。他们中很多是独生子女，有些没干过农活，成长经历趋同于城市里的同龄人。他们在择业时更追求体面劳动和发展机会，在消费时更时尚大方，进城的动机已从"改善生活"向"体验生活"转变。他们希望在工作的同时，开阔眼界、交流思想、收获爱情。他们渴望实现自我价值，希望能融入城市，也有人愿意带着积累返乡。他们也纠结将来是留在城里还是回到乡村的问题。由于新生代农民工出生于改革开放、社会加速转型的时代背景下，吸取了现代城市生活的理念及方式，形成了不同于以往农民工的风格。这种不同主要表现在以下几个方面：

（一）文化水平较高

新生代农民工出生于 20 世纪 80 年代以后，正处于我国义务教育普及阶段，这部分农民工大多数都接受过九年义务教育，还有一部分接受过高中或中专教育，少部分还是大专及以上文化程度。相对于父辈来说，他们的文化水平普遍较高，接受新事物、获取新知识的能力也更强。而在文化生活方面，新生代农民工的业余活动几乎都属于非群体活动，即依靠个人就可以完成的事项，而且没有一项活动是和本地城市居民一起完成的，带有明显的内部性特征。

（二）流动性较大

新生代农民工绝大多数没有从事过农业生产劳动，与上一代农民工相比，缺乏务实与吃苦耐劳的精神，更容易对工作现状产生不满情绪。同时，随着他们在城镇时间的增长，工作变换比较多，因此，新生代农民工频繁换岗、多次跳槽成为常态。有统计显示，新生代农民工换工作的平均频率是父辈的8倍左右。

（三）期望值较高

由于自身的成长环境和知识背景决定了新生代农民工不再将农村作为生存依托，他们想融入城市，并且据此对个人发展进行预期；不再将工作目的局限于赚钱和生存，他们更多是为了改变生活方式和寻求更好的发展契机。相对于上一代农民工来说，新生代农民更关心自己的前途，在进行职业选择时更注重长远发展，关注企业是否有发展机会。

（四）职业发展盲目性较大

由于积累的知识和储备的社会资源在城市竞争中往往并不具优势，大多数新生代农民工从事的仍然还是低端岗位，如果社会和企业不对他们进行职业发展及相关方面的指导和培训，他们很容易对自己的职业发展感到盲目和困惑。第一代农民工因在城市缺少人脉，多为随机性地找工作；而新生代农民工则更多地依赖于自身的社会关系网实现就业，90%以上都是农民工自己或亲友运作的。这种找工作的模式，也就决定了他们对外接触的有限性和就业领域的局限性。

（五）社会交往意愿强但受阻

新生代农民工由于对城市生活的理解，并且受到社会信息技术影响，对社会交往的意愿还是比较强烈的。长期的城乡二元分割造成了城乡居民之间的心理隔离，使两者之间产生了社会距离。新生代农民工受父辈的影响，难以建立对城市居民的信任感，这在很大程度上妨碍了他们之间的正常交往和沟通，阻碍了次级社会关系网络的建立。同时，心理上的主动排斥使他们缺乏介入城市生活的积极性，并且感觉与城市生活和城市居民之间的关系越来越疏远，而社会距离的增大又使得农民工群体自愿选择结成自己的社群网络，这样的社会交往使他们对城市生活望而却步，也影响他们市民化的发展进程。他们的社会网络资源十分匮乏，他们大多只能依赖自己群体中的亲密伙伴来获得情感支持，无法结成一个有张力的情感支持网络。在择偶方面也是如此，很多已经成家立业的新生代农民工夫妇都是从同一个地方出来打工，他们较少会主动选择同乡以外的同龄人作为配偶。

第二节　新生代农民工的基本状况

改革开放以来，伴随着我国经济的迅速发展，生产力的大幅提高，农村大量的剩余劳动力来到城市务工和生活。近年来，随着农民工的"更新换代"，新生代农民工逐渐登上了历史的舞台，并且逐渐成为农民工群体的主流。他们为加快我国工业化、城镇化进程以及构建和谐社会，付出了辛勤的劳动和汗水，作出了巨大的贡献。新生代农民工在享有文化生活的过程中，受到了物质条件、制度因素、自身因素以及社会环境因素的制约和影响。在物质条件方面如收入水平、生活环境以及文化设施等是对新生代农民工文化生活的根本性制约因素；制度因素如二元户籍制度、就业制度以及社会保障制度等是对新生代农民工文化生活的政策性障碍；自身因素如文化素质、心理素质、思想观念以及行为习惯等是制约新生代农民工文化生活的主体性障碍；社会环境因素如社会歧视，社会关注程度较低、不良文化的影响等，以上这些因素严重制约着新生代农民工的社会文化生活。

一、基本状况

由于受到代际的影响，新生代农民工脱胎于农民工自成一体形成亚类群体，它既与农民工群体保持高度关联，又具备相对独立的特质。因此，新生代农民工问题既是传统农民工问题在新时代的延续、体现和发展；同时又富含并呈现出不同的基本特质。主要表现在：他们的消费欲望较为强烈，主要受到父辈"再苦也不能苦孩子"的传统生活心态以及对城镇高品质美好生活的追求和向往的影响；像前面提及他们的困难耐受能力较弱，主要是由于因留守的隔代教育所带来的耐挫教育缺位，新生代农民工群体克服困难的意志力不强；他们的职业期望普遍较高，主要是由于随着受教育程度提升，平等意识萌发国民待遇意识，新生代农民工不再满足于体力活、非技术工种的职业追求；同时他们在观念上较上一代农民工更为开放，善于不断地拓展自己的视野，更乐于接受新的城市文化。

（一）生活条件：居住在城市，没有归属感

传统的农民工来到城市务工，会选择节衣缩食的生活方式，把挣到的钱都补贴给家里。但是新生代农民工的生活方式开始发生了转变。消费观念的转变。受城市现代消费观念的影响，新生代农民工的消费观念更加开放。他们不再像父辈那样，花销仅用于简单的衣食住行，他们的消费面十分广，除衣食住行外，还包括电器、手机、电脑、网络、服饰，甚至汽车和房子。而他们的工资与其消费往往并不成正比，再加上储蓄意识淡薄，因而多数新生代农民工积蓄较少。生活品质的转变。上一代农民工的休闲娱乐方式多为看电视、下象棋、听戏曲等传统娱乐活动。受城市的大众文化和流行时尚文化的影响，新生代农民工的休闲方式多集中于听音乐、上网、K歌等娱乐活动，同时，他们也追求时尚，诸如去健身、去博物馆、学习技能等已经进入了农民工的休闲消费范围。

新生代农民工在城市工作，当然要在城市居住。近年来在国家统计局对新生代农民工的调查中，租房住的占62.4%，在单位宿舍居住占13.4%。生活的享受和住房品质好像与他们无关，买房对多数农民工而言，也只是停留在梦想里。一方面，中国的户籍制度往往和房子关联在一起，有个房子，他们就会觉得在城市里有根了，他们是城市的一员，所以他们渴望买房；另一方面，在中国的现实中，不要说农民工，就是城市人也对高高的房价望洋兴叹。对新生代农民工而言，房价太贵，贷款太难，所以买房就成了奢望。新生代农民工虽然工作在城市，生活在城市，但城里没有他们的房子，他们没有归属感，他们的根在农村，尽管他们的目的是永久地留在城市，但他们也迷茫，不知道该怎么做才能达到。在城市漂泊的时间长了，他们看不到自己在城市的未来的时候，就会选择回乡，或者选择换一个城市，继续带着希望漂泊。新生代农民工"亦工亦农"现象普遍存在。国家赋予农民土地承包经营权、宅基地使用权等法定财产权利，种地不再交公粮并且享受政府补贴等较优厚的土地政策使新生代农民工兼有工人和农民的双重身份，呈现"亦工亦农"的兼业现象。我国新生代农民工市民化道路要立足中国国情，坚决避免拉美国家"大批农民失去土地后进城沦为贫民、城市出现大量贫民窟"的情况发生。新生代农民工既不像父辈们那样依恋农村及土地，又不像市民那样固守在城市。他们生活在城市的边缘地带，游离于城市与乡村之间，土地显然成了他们最后的生活保障，不愿意割断与土地的天然联系和土地权益。近年来，由于农村土地征用、住房拆迁受惠情况比较普遍，农民工更愿意守在农村，期待这样的机会发生在自己身上，还有很多农民工即使子女考入城市高校，也不愿意让子女的户口迁入城市，不愿意拥有城市户口。

（二）职业发展：工作在城市，稳定性较弱

"融入城市"依旧是他们的生活目标。随着时代的变迁，新生代农民工的生活目标发生了变化。新生代农民工尽管出生在农村，但多数新生代农民工都不谙农事，普遍缺乏农业生产的技能和经验，没有强烈的乡土情结。他们拥有现代产业技能，接受现代社会理念并按产业规律从事生产和生活。据调查统计，近87%的新生代农民工不愿意从事农业生产，也不愿意以农业生产作为自己主要经济意义上的生产方式。他们对于城市的依赖感和归属感要远远大于农村。他们最大的梦想就是脱离农民身份，融入城市的幸福生活之中。在城市的新生代农民工，要过得好，就要有一份收入不错的工作，并且有很好的职业前景。这是他们能够在城市扎根的主要方式甚至是唯一的办法。全国总工会新生代农民工调查分析，新生代农民工中 54.9% 在地级以上大中城市务工，与老一代农民工（26%）相比，新生代农民工更偏好在大中城市务工。新生代农民工中，39%从事制造业，14.5%从事建筑业，10.1%从事批发和零售业，10%从事居民服务和其他服务业，但多数的新生代农民工在城市的工作是不稳定的，他们偏向于劳动环境和就业条件更好的行业，总是希望下一份工作更好，赚得更多，付出的更少，所以他们在同类型的企业间流动频繁。新生代农民工在城市打工，受教育程度所限，他们的工作基本上是重复劳动为主，工作的内容比较单一，工作的难度较小。因此，他们成为熟练工之后，为了更高一点的工资，或者是更好一点的生活条件，跳槽是多数人的选择。为了找到更好的工作，他们愿意学习相关的劳动技能和专业知识。新生代农民工城市生活"本领恐慌"情绪明显，新生代农民工尽管比上一代受教育程度高，但与我国城市经济社会发展的需要还不相称，而且其专业技能总体上仍处于较低水平。因此，他们收入整体较低、生活质量不高、职业缺少保障，在融入城市的过程中常常伴随着职业发展恐慌情绪。收入低且生活成本高，尤其是高房价令其望而生畏，这些因素成为制约新生代农民工市民化热情的主要障碍。新生代农民工往往在求职、教育、生活、社会保障及交往等方面受到歧视和排挤，得不到应有的尊重和待遇。新生代农民工对个人职业能力、职业发展空间充满担忧，就城市的产业结构框架与经济发展速度而言，新生代农民工则表现为比较明显的不适应与力不从心，他们从事的基本上是"苦、脏、累、险"的工作。新生代农民工市民化的关键是他们能否具备足够顺利跨越市民化门槛的能力，由"本领恐慌"心理造成的迷茫、焦虑和强烈的失落感，以及对自身职业发展前景的不自信长期困扰着他们，已成为新生代农民工市民化的心理负担。就业歧视明显，新生代农民工的权益缺乏保障政策，我国新生代农民工城市就业政策制定明显滞后，就业歧视问题集中表现为：一是同工不同酬。新生代农民工由于出身和受教育程度所限，往往从事工作环境差、工资相对较低的"苦、脏、累、险"体力劳动岗位工作。有调查显示，新生代农民工薪资歧视问题比较突出，他们的高额付出与低额回报难以体现"同工同酬"的尊严，却经常陷入"同工不同酬"的无奈境地。二是同工不同权。新生代农民工就业合同签订率低、参加社会保障比例低，缺乏有效防护措施与权益保障，"同工不同权"现象司空见惯。同时新生代农民工维权意识淡薄，个人权益遇到侵犯极少诉诸法律，他们更倾向于依靠自身的力量甚至采取极端手段来解决问题。

（三）社会关系：渴望被城市认同，却只有"同乡会"

无论是在工作中还是生活中，新生代农民工都渴望被城市认同。他们在工作之余的休闲活动较少，社会交往单一，基本就是老乡或同事。他们在城市打工，家人要么在别处打工，要么在家乡务农。休息时间，他们也想像城里人那样走亲访友，游玩聊天。但是，他们只能在老乡或同事间选择，再考虑到物价因素和消费水平，他们大多数空闲时间是宅在"家"里，上网或是看电视。不想"被孤独"，这也从一个侧面反映了外出打工的年轻人为什么很快交到男（女）朋友，而且基本就是老乡或同事。新生代农民工渴望融入城市，可是在他们和城市之间好像有一道无形的墙壁在阻隔他们之间的融合。虽然他们人在城市，他们与城市人在同样的环境里生活，但无论从内心感情上，还是从外部特征上，他们都把自己归类为"外乡人"。新生代农民工在身份认同方面处于"农民"和"市民"之间的尴尬境地。新生代农民工生长于农村，先天受到传统农村生活与农业生产的影响，他们习惯于传统中国乡村的生活方式与管理模式。国家统计局公布的2016年农民工监测调查报告显示，除家人外，进城农民工业余时间人际交往的对象主要是老乡、当地朋友、同事及其他外来务工人员，但也有12.7%的农民工基本不和他人来往。从发达国家的经验来看，人口在从农村向城市流动过程中，他们的社会关系网络逐渐从血缘、亲缘、地缘关系为主转变为以业缘为主。而我国新生代农民工骨子里面有着浓厚的"乡土"认同感，他们的社会关系网络仍是以亲戚、老乡、同学交往为主的熟人社会，他们的人生规划往往还是停留在买房、结婚、生子等传统梦想上。熟人社会的传统习俗对新生代农民工影响根深蒂固，他们社会关系狭隘，与城市居民社会交往存在较大差距与隔阂，他们向往城市生活但又普遍缺乏对城市的心理认同，传统思想观念影响着新生代农民工市民化进程。

（四）政治参与：机会很少，被城市、家乡同时"屏蔽"

国家统计局2018年的调查显示，在进城农民工中，26.5%的参加过所在社区组织的活动，比上年提高0.9个百分点，其中，3.5%的经常参加，23.0%的表示偶尔参加。15.3%的参加过人大代表选举，比上年提高1.1个百分点；加入工会组织的进城农民工占已就业进城农民工的比重为9.8%。在已加入工会的农民工中，经常参加工会活动的占26.0%，比上年提高2.8个百分点；偶尔参加的占56.3%，比上年下降1.2个百分点。对新生代农民工来说，外出打工离开所谓的"户籍所在地"，就意味着他们丧失了诸多权利或者责任。如果留在农村，他们起码可以参与到村里的一系列"政治"性活动中，比如选举村干部、分配土地等，如果是城市人，他们也会得到诸如高考、社保、买房等方面的平等待遇，可是他们好像被城市、家乡同时遗忘。因为离开了家乡，他们没有时间参与到村级决策和管理中去；虽然人在城市，但中国实行的户籍管理制度使得他们没有资格也没有机会参与城市的运行和发展。新生代农民工已经参与到城市的经济建设中去，他们更希望参与城市的政治事务，能够了解甚至决定城市的一些管理制度和法规的制定。尽管在一线城市，比如北京、上海、深圳，已经开始实行积分制或审核制来给予农民工"准市民"待遇，但跟农民工巨大的需求相比，这种改革进度应该更快一些。城市里的"主人翁"意识会使新生代农民工更快地融入城市，在城市稳定下来，而选择一些更长远的规划，放弃短期化行为。

（五）思想观念：生在农村，却在城镇成长、成熟

据国家统计局调查，新生代农民工初次外出的平均年龄为21.7岁，在中西部地区甚至更低。在进入城市之前，新生代农民工在农村的大多数时间是在学校读书，很少参与农业生产。离开校门就外出务工，他们基本没有从事过农业生产劳动。作为20岁左右的年轻人，正是人一生中最重要的性格和观念形成时期，城市的生活和经历将对他们的思想、行为、性格等产生决定性的影响，他们的生活在城市正式开始，他们在城市经历挫折，在城市成长。对新生代农民工而言，除了身份、户籍的约束，除了城市给予他们的种种不平等待遇，他们的生活、工作、消费就是城里人的方式和模式。他们生在农村，可他们习惯城市，在城市找个对象结婚，在城市买个房子，在城市安顿下来，甚至把老家的父母接过来，成为大多数新生代农民工的普遍想法。对城市而言，他们渴望从"漂泊"心理向"主人"

转变。新生代农民工普遍缺乏幸福感。新生代农民工主要集中在建筑、化工、煤炭、环卫等行业，与其融入城市的期盼形成了强烈的心理反差。新生代农民工收入水平相对偏低，与城市高消费、高房价形成鲜明对比。他们只能居住在单位集体宿舍或者工地工棚，严重影响新生代农民工的生活质量和幸福指数。"在城市的农民工更难于被城市所接纳，城市在体制上、文化上排斥他们，而他们反过来在心理上、文化上形成同城市的冲突。"当新生代农民工感受到自己与城市居民生活有诸多差距时，逆反心理和苦闷情绪会强烈地干扰着他们。新生代农民工不愿意离城返乡，他们又难以适应城市业缘社会关系网络，这种自我隔离的困惑极易产生自卑心理，更多的新生代农民工认为自己不是城里人，在身份认同上更倾向于自己是"老家人"，融入城市生活的"孤岛效应"使新生代农民工内心深处因自我封闭和排斥隔离而普遍缺乏获得感与幸福感。

在我们的调查以及对相关文献的检索翻阅中，发现新生代农民工在融入城市方面存在一个普遍性的问题——身份认同和文化差异。即相当一部分新生代农民工"不认为自己是城里人"，他们虽然想要在城市定居，有一处自己的"小天地""想过上城里人的生活"，但是，这些新生代农民工却极少有人愿意承认自己是城市人，大多人感觉"自己和城市人有差距"，"不像是一个'世界'的"；无论是"有差距"还是"不是一个'世界'的"，这些新生代农民工切身实地的感受从感性角度显示了两个群体之间的差异。随着新生代农民工创业道路的拓宽，以及多年工作经验的积累，他们不再是工作领域的弱者，他们中一部分人的工资甚至超过了城市居民的工资。那么新生代农民工之所以还是会产生与城市人的差距感，恐怕不单单是经济层面的原因。在对新生代农民工文化生活的考察中，我们试图找出两者的差异。不同的群体，不同的国家或地区的人们，这种共有的心理程序之所以会有差异，是因为他们向来受着不同的教育、有着不同的社会和工作，从而也就有不同的思维方式。新生代农民工与城市居民因为生活环境、生活方式、生活经验、心理等方面的原因，存在比较大的差距。

新生代农民工对农村生活的感受很复杂，甚至有点矛盾，感情基础建立在童年经历和亲情上，现实上对农村的排斥情绪多由生活的便利性较差和生活设施不完善等直观感受上发散开来，进而影响到对自己人生及职业规划的层面。想要跳出农口、摆脱农村的印记成为城市人是新生代农民工内在的诉求，这种意愿也是我国社会主义城镇化建设大力推进的普遍内因。虽然社会主义新农村建设事业正如火如荼地展开，但是长期的城乡二元结构造成的城乡之间的差距仍然具有很强的惯性。新生代农民工绝大多数还是具有很强的融入城市的意愿。虽然根据中国当前的经济发展速度来看，未来当城乡差距会缩小甚至会消失，那时的农民工群体或不再对成为市民具有热情与积极性；但就目前而言，新生代农民工群体由于自身的乡土背景相对与上代农民工而言已经对农村产生了较强的剥离感，我们可以将其看作新生代农民工市民化的内在推力；而当前城镇化加速发展和经济生活水平大幅度提高吸引着求新求变的新生代农民工进入城市、成为市民，我们可以将其看作新生代农民工市民化的外在拉力。这一推一拉两股力量，使得当前的新生代农民工群体或将成为农民工历史上融入城市意愿最高的一个代际群体。

新生代农民工在城市工作的生活状况和心理状态直接影响其市民化的意愿和热情。当前，新生代农民工受传统社会思想及个人职业能力发展影响，他们既不愿退回到农村，又难以很好地融入城市，这个庞大群体俨然成为生活在我国城市与农村"夹心层"的边缘群体。如果不能彻底解决其城市社会生活的问题，这种进退维谷的状况不能打破，就难以促进其市民化。但在融入城市成为市民的过程中，也有很多对自我认同产生摇摆性认知的新生代农民工。正如我们前面所提到的，新生代农民工尽管有着强烈的市民化意愿，但在现实问题面前还是会具有较为理性的思考。这个群体面临着无法融入城市社会，但也不能退而求其次回归农村社会。这个无法回归农村社会最确切的说法应该是因对农业生产活动的不熟悉进而产生的抵触情绪。

二、面临的困境

（一）面临被城市和农村双重边缘化的窘境

一方面，新生代农民工虽然在消费方式、职业技能、意识形态等方面都更接近于城市发展要求，但户籍、城乡医疗教育体制等差异的存在，使他们并没有享受到城市市民同等的教育、医疗、就业等服务。事实上，没有市民身份的新生代农民工，只能获得城市少量的边缘性资源和服务，而无法真正享受到城市的核心资源和服务：平等的教育、医疗、就业等，城市成了他们想融入但无法真正融入的大社区。另一方面，由于长时间远离乡村，新生代农民工已与农村的生活习惯、生活方式、思维观念大相径庭，职业技能与农村生产方式需求不匹配，且新生代农民工更难以接受农业生产的艰辛和劳累，农村成了他们回不去的家乡。

（二）高房价成为阻碍新生代农民工市民化的最大壁垒

北京、上海、广州、深圳等一线城市历来都是吸纳农民工最多的城市，而高昂的房价令新生代农民工望而却步，如2015年一线城市房价高涨也带来了县级城市楼市的升温，如今许多县级城市房价也纷纷上涨，原本作为"备胎"选项的县级城市也成了许多低收入新生代农民工跨越不过的坎，买不起房成为阻碍新生代农民工市民化的最大壁垒。由于教育资源的紧缺，我国城市的教育资源是与学区房紧密挂钩的，使得买不起房的新生代农民工的后代享受不到城市优质的教育资源。此外，城市的医疗、就业也与住房、户口息息相关，住房是获取城市优质资源的门票，是使新生代农民工享受到市民待遇的基础。

（三）人力资本不足，职业技能落后于社会发展需求

第一代农民工正赶上中国改革开放初期，低廉的农民工劳动力迎合了劳动力密集型产业的发展，人口红利不仅促进中国经济高速增长，也为第一代农民工提供了充足的工作机会。而随着基础设施的完善、基础工业体系的建立、产业转型升级的内在要求，我国对体力劳动者的需求降低，逐步由"数量型"向"知识型"转变，对劳动者的综合素质要求越来越高。以珠江三角洲为例，改革开放早期，珠三角是依靠转口加工贸易发展壮大起来的，第一代农民工为珠三角的加工贸易提供了充足劳动力。而如今广州和深圳大力发展高科技电子信息、人工智能、新材料、生物医药等产业，只接受过中小学教育的新生代农民工显然无法填补高学历人才的空缺，使得新生代农民工在大城市的生存变得更加艰难。

（四）社会保障程度低，享受不到城市公共服务

尽管农民工为城市的建设发展做出了突出贡献，但他们却无法享受与城市市民同等的福利待遇，以医疗保险为例，我国农民工的平均参保率仅为10%，看病难、看病贵成为新生代农民工在城市的一大困扰。除了城乡二元结构体制导致农民工医疗报销额度低于城市市民，也存在地方政府担心农民工参保会影响本市投资环境、用人单位为了降低用工成本不给农民工参保等因素。据上海市有关抽样调查显示，47%的农民工居住面积不足7平方米，远低于城市户籍市民人均住房面积水平，此外，随迁新生代农民工子女也无法进入当地公办中小学就读，大多被隔绝在校门之外。

（五）内在综合素养的欠缺

新生代农民工价值观的矛盾冲突，既受社会环境、学校教育与家庭影响等客观因素的制约，也受个人经验和自身综合素质的影响。与上一代相比，新生代农民工教育程度有所提高，但由于其心智尚不成熟，思想尚未稳定，自我认知不够清晰，当置身于复杂的城市环境，面对泥沙俱下的信息时，部分人由于缺乏足够的辨别能力，很容易在各种错误价值观的影响下迷失方向。新生代农民工进城务工前，其生活环境相对闭塞，人际关系主要集中在以亲缘和地缘关系为主的网络中，人际交往具有明显的同质性，由于群体间拥有的信息资源量小，造成了新生代农民工社会资本的短缺，这不利于他们在城市获取更多的社会资源，也阻碍了其融入城市的步伐。加之他们进城前大多没有进行过专业性的职业技能培训，故而无法胜任社会化大生产对人力资本提出的高要求，难以适应高、精、尖等技术含量较高的工种，只能从事技术含量低、工作条件差、劳动报酬低的工作，久而久之，容易陷入"人力资本弱—就业能力差—收入水平低"的恶性循环。同时，受长期城乡二元分割体制的影响，导致相当一部分新生代农民工在生活习惯、思维方式和人际交往等方面依然与"城市人"有较大的区别，从而导致了农民工与城市居民的相互排斥，这不可避免地对其价值观造成冲击。一技之长是新生代农民工能够立足于社会的必要条件。新生代农民工群体中的大部分人受过较好的教育，具有一定的社会公德和职业美德，但是新生代农民工中受过专业的职业教育

的人所占的比例却并不高。即使是毕业于专业的职业学校，他们刚刚走出校门，对于复杂的社会环境，特别是就业环境缺乏必要的了解和认识，确定具体职业发展目标的能力仍旧不足，加上家庭因素带来的限制，他们制定及实施职业生涯规划的能力会更低。他们掌握专业技能，但是由于缺乏实战经验，所以显得并不是那么具有竞争优势。新生代农民工群体中的部分在职工人因为看到自身技能的短板，想要不断提升自我，获得更好的发展机会，但是也因为经济实力、时间安排等因素被无限期拖延下去。职业技能可以说是新生代农民工养家糊口的根本，这与劳动者能否找到合适工作岗位具有直接关系。

（六）社会资本缺失

社会资本对新生代农民工的城市融入意义深远，但由于新生代农民工受自身教育程度和传统观念的束缚，导致其在市民化过程中面临私人关系型社会资本短缺和组织型社会资本不足的双重障碍，这主要表现为：社会资本相对狭窄，人际关系较为简单，且以亲缘、地缘为纽带的关系为主。由此带来的"内卷化"状态和"心理孤岛"现象进一步加剧了新生代农民工与其所在城市之间的心理隔阂，这就无疑加大了其融入城市的难度。社会资本缺乏——新生代农民工难以融入城市的主要原因，在谈到资本，社会学上往往把这一点即社会资本缺乏定为新生代农民工城市融入困难的主要原因。我们社会中的城乡二元结构不是朝夕产生的，相应地，这种二元结构的解体也同样需要时间和努力过程。首先，新生代农民工社会关系网络规模小。社会资本的一个方面是社会关系网络规模。新生代农民工的社会关系网络大多集中在亲朋好友、工友、初高中同学等。由于他们很少参加一些社会活动，也没有上过大学，兴趣爱好也难以聚集同伴，加上与所在社区联系较少，因此社会关系网络规模小。其次，新生代农民工社会资本同质性强，新生代农民工的亲朋好友、工友同学大多处在同一个层次，即他们中有相当一部分人可能同是农民工，稍好一点的情况是个体户、小老板，或者是家庭产业继承者（也多半是制造业）。这些人处在同一个阶层，属同一个群体或是临近群体。另外，除了以上社会关系网络的同质性，新生代农民工的另一重同质性体现在他们拥有的资源相似性程度高。比如，他们几乎拥有同样的制造业技能，他们的思维方式相似，他们的生活愿望大抵相似。最后，新生代农民工社会资本严重缺乏。资本有一个互换定理，即只有更多的资本才能换取更多的资本。即资本互换讲求互惠性。新生代农民工的社会资本严重缺乏正是大多数农民工产生不公平感的重要原因。

（七）思想观念的偏差较大

新生代农民工一心想要融入城市生活，他们中的一部分人经历现实社会的残酷，思想变得逐渐麻木，内心深处想要获得市民身份的渴望已经被逐渐冲淡。他们生活于城市之中，看起来与市民并不无差别，甚至他们自己也已经接受这种事实，于是他们在实际行动方面显得很是不足。一部分新生代农民工将自己的空闲时间用在了玩乐与休闲方面，而不是加强自身能力方面，而这却是提升自身核心竞争力的最主要的地方。主要表现为想法很远大，但行动却很微小。当然这其中还有一小部分新生代农民工，由于沉迷于城市生活的灯红酒绿而早已改变初衷，不思进取，不仅在行动上毫无进步，而且在思想上也一步步被吞噬。另外一种情况就是当发生劳动纠纷或者遭遇事故时，当自身合法权益遭到侵害时，他们往往会选择多样的处理方式。找老板私了、忍气吞声、通过劳动保障部门、通过其他手段等，那些敢于拿起法律武器的劳动者体现其法律观念的加强与对法律手段的较为深入地认识和认可，但是也有需要加强的地方。部分劳动者在受到不公正待遇时，不是求助于有关部门，而是自我解决，甚至是依靠暴力方式，这样不仅不能解决问题，反而会给自己惹来更大的麻烦，甚至是牢狱之灾。"自我控制能力较差，有的新生代农民工并不了解自己所实施行为的性质"，在固执己见的错误道路上越走越远。

（八）法律知识的贫乏

一方面，农村本身普法力度不够，包括新生代农民工在内的广大村民对于法律知识的了解尚处于模糊阶段，这就直接导致从农村走出的这部分新生代农民工法律意识淡薄。自幼跟随父母闯荡城市的这部分新生代农民工，他们虽然接受过相对良好的教育，但是在教育内容总体之中，法律法规所占的比重较小，且层次浅显，所以这部分新生代农民工在法律意识方面并不占很大优势。另一方面，当新生代农民工进入城市，企业并不注重法律知识的学习与宣传，使得他们缺少必要的认识，尤其是与自身工作相关的法律知识。新生代农民工流动性大的特点，使得他们即使在原单位学习了一定的法律知识，也很难在现有工作岗位上继续了解法律知识。这样一来他们的法律知识很难形成系统，缺乏全面深刻的认识，也在新生代农民工的日后生活中埋下了隐患。

三、城市融入发展的转变

（一）整体意识上：从生存型动机转变为发展型动机

改革开放初期，我国的农民工之所以愿意背井离乡，从熟悉的农业生转而投入陌生的第二产业和第三产业，其核心目标是获取更高的经济回报。随着农民工生活状况的改善，新生代农民工对个人发展前途和自由有着更多的追求，转变为以更多元化的发展型需求为主，如文化、成就感、自我实现、意义感和权利意识等。导致农民工这种心态变迁的原因可归纳为以下两个方面：首先，根据马斯洛的需要层次论，当个人生存和安全的需求被满足了以后，会进一步转向发展性的需求，如对自尊、意义感和自我实现的探索。因此，从个体的需求满足层次来看，这种心理需求的转向是个人生命历程发展的必然结果。其次，从农民工群体的内部特征来说，与第一代农民工相比，新生代农民工的受教育程度更高。这让他们的工作和生活条件有所改善，也让他们有更强烈的自主意识和权利意识，面对城乡分裂、收入不平等和社会歧视的问题时，他们表现得更为积极主动。况且，这一问题也受到了媒体、学界、社会公益组织的广泛关注，继而使得新生代农民工群体有更多的渠道表达与自我发展相关的诉求。平等观念不断增强。农民工已经成为我国工人阶级队伍的主要组成部分。新生代农民工在法律知识、平等观念和维权意识上比上一代农民工显著提高，维权方式也发生了较大变化，由原来的被动表达向积极主动转变。在他们的观念中，进城打工是生存的一种方式，也是实现自我价值的方式。在这些新生代农民工中，一部分已经不仅仅是重视自己的工资薪酬待遇，还重视职位的长远发展以及自身权利的保障。作为新生代的农民工，他们不愿意再像以前的农民工那样忍辱负重，他们希望在城市里能够得到尊重，进行体面的劳动，希望有尊严的生活，从原来的追求基本的物质生活逐渐转变为追求精神生活和人格尊严。

（二）外出务工动机：由"逼迫型"转向"生活型"

基于人口流动的"推力—拉力"理论，第一代农民工出外务工往往是源于农村的推力，农村贫瘠的生存、务农条件迫使他们远离家乡外出务工，追求"基本温饱"的需求是第一代农民工背井离乡外出务工的主要动机。不同于第一代农民工的城市"过客"心理，过着一种在城市与农村之间频繁往返流动的"候鸟"式的生活方式，把赚钱养家糊口作为在城市务工的主要目标，新生代农民工更加期盼能依靠自己的努力在城市获得更好的发展机会，渴望在城市实现安家立业的理想，成为城市户籍市民。个体化需求扩展为家庭化需求。随着新生代农民工成为主体，家庭化迁移已经取代了个体性的迁移，成了农民工在转移劳动力时的主要流动形式。国家卫健委全国流动人口动态监测调查数据显示，在2015年劳动年龄流动人口中，随着新生代比例超过一半，流动人口中也有超过一半的家庭中有三人以上的家人生活在同一个城市。由于迁移的属性和特征往往是迁移社会心态的反映，因此，这一现象也意味着农民工的心理需求已经从个体化的经济需求发展为了家庭化发展的需求。

（三）身份认同上：由农民向工人或市民身份转变

进城务工的农民工并非是符合户籍政策定义的移民，仅仅是为了就业临时改变居住地的人。然而，随着人们迁移时间和迁移模式的改变，中国的农村劳动力转移经历了一个从"离土不离乡"到"离土又离乡"的变迁过程，事实性的移民正在出现，并因此改变了农民工对自己是"农村人"还是"城市人"的身份认同。对上一代农民工而言，他们虽然在城市中工作，但依然如候鸟般往返于城市和乡村；由于早年有务农经验，且与城市人的生活习惯差别较大，他们更认可自己的农村人身份。然而，随着我国城镇化的推进，很多新生代农民工已经没有太多或者完全没有务农的经验；虽然他们已经适应了城市的生活习惯，但户籍制度的隔阂依然很难让他们成为彻底的城市人。这种农民工与城市之间若即若离的关系被称为"半城市化"，与彻底的市民化相比，这种"半城市化"或者"半市民化"的主要特征在于"半"上。这意味着，这些新生代农民工虽然长期生活在城市中，对城市的感情更深，同时也因为社会文化中"城市人"的身份听上去更高人一等，以致他们在主观上很希望获得城市居民的地位和身份，享受市民权利。但在现实中，农民工并没有被赋予在城市扎根的完整权益，这种主观期待与客观感受的错位使得他们觉得自己更像半个城市人。新生代农民工虽然出生在农村，但他们中的大多数中学毕业后即外出务工，并没有体验过农村的务农耕种方式，许多年轻一代农民工根本干不了农活，也不愿干农活。此外，一些新生代农民工自幼便随父辈在城市生活、学习，对农村的生产生活方式很陌生，更加喜欢城市的生活节奏和方式，他们对城市的认同感要远远高于上一代农民工。长期在外的务工经历使得他们并不将自己视为农民，他们更倾向于对工人的身份认同感，并期盼能在城市买房落户，融入城市主流社会，成为城市市民，摆脱农民工的标签。

（四）职业选择上：由体力劳动向技术技能型劳动转变

上一代农民工由于缺乏文化知识和职业技能，在城市多从事建筑、搬运、家政清洁、维修等体力型劳动，而新生代农民工在职业选择上则更加偏好酒店、商贸、制造等相对体面且对职业技能有一定要求的职业。新生代农民工更加重视工作的性价比，在进行职业选择时，他们不再只看重薪资待遇，而是对工作环境、职业上升空间、个人特长、行业前景等进行全方位的考量和权衡。他们意识到了单纯依靠体力劳动难以在城市立足，认识到了职业技能的重要性，越来越多的新生代农民工在进入城市之前就已经学习了至少一种职业技能，即新生代农民工的职业素质与工作技能明显高于第一代农民工。新生代农民工选择的是发展型就业，这是城市就业管制不断放松和城乡存在较大差异双重作用的结果。对他们来说，进城就业不仅要有合乎自己要求的工资，还要有适合自己发展的机会，自己喜欢的工作环境、吃住环境、娱乐环境等。他们最大的要求是一直在城市工作和生活，不再返回农村。他们会为得到更好的发展机会而主动参加技能培训，掌握一技之长。他们会为了识别和提升自己的能力而不断地进行新的尝试，这是不少新生代农民工频繁跳槽的主要原因。为了保持在城里生活的稳定性，他们会重视自己可获得的社会保障水平，进而会把企业给不给自己交保险作为就业选择的一个因素。他们会把自己在城里获得的各种权益作为衡量自己融入城市程度的重要指标。他们会主动维护自己的合法权益，而不像其父辈那样逆来顺受。

（五）价值观念上：由单面性向多面性转变

新生代农民工的权利意识、自我发展意识普遍增强，他们希望通过不断提高自己的综合素养来改变自己的命运。与上一代农民工的"迁移流动"不同，新生代农民工外出务工的目的并不仅仅是为了谋求生计，而是普遍持有强烈的创业意识，追求的是一种"社会流动"，即把在城市打拼视为改变生活方式和寻求更好发展机会的契机。新生代农民工受教育程度普遍较高，大都具有较强的规划意识，他们带着对城市草根英雄人士的羡慕和崇拜走进城市，渴望和周围环境进行更为频繁的交流互动，期盼通过自身努力来改善自身的境遇。再加之媒体对于创业成功人士的大力宣传，使得多数新生代农民工坚信，只要以积极的态度对待生活，通过坚持不懈的努力，一定能够在城市中获取更多的发展权益，实现自己的梦想。此外，在竞争激烈的城市中，新生代农民工价值目标发展性还表现在对职业技术和技能培训的看重上。他们不再满足于在城市中靠出卖劳力换取报酬，大多数人还希望能够掌握更多有利于职业发展的知识技能，这样不但能够胜任更高要求的工作岗位，还能在将来拥有更多选择的权利，这些都是新生代农民工在融入城市进程中发展意识增强的典型表现。

新生代农民工价值观的多样化和矛盾性与全球化时代的经济文化交流和碰撞息息相关。随着政治多极化、经济全球化和文化多元化的发展，原来在不同历史时期以及不同文化背景下存在的不同价值观念 （传统的和现代的、本国的和异域的、东方的和西方的、积极的和消极的）被全球化进程挤压在同一个平面上。不同的价值观念在一起交融、碰撞，使人的价值观不可避免地呈现多样化。对于新时代农民工来说，由于其继承了上一辈人的价值观，同时又在融入城市进程中增添了新的价值判断标准，因此，其价值观呈现出双重性特征。所以，新生代农民工在经济全球化背景下也必然面临着价值选择的多样性。

新生代农民工与上一辈相比，他们具备了更好的融入城市条件。其一，新生代农民处在社会化的"黄金时期"。他们年纪轻，都在80年代以后出生，思维活跃，受教育水平普遍更高，理解力、接受力处在人生的最强阶段，可以说是社会化的黄金时期。此阶段的特质使得他们更容易理解和接受城市社区和城市群体的行为规范、文化以及价值观，他们社会化的结果甚至可以说和城市成员的社会化期望没有差异，这些都极大地促进了他们和城市社区的融合，而事实上他们也是积极融入城市生活的。其二，对于城市文化强烈认同，重视自己的发展空间，务农技能欠缺，务农意愿低。由于成长环境和接受教育的不同，两代农民工有着不同的社会认同感和生活期望值，从而导致他们不同的个人行为选择。新生代农民工对未来期望更高，定居目标更倾向城市。与第一代进城农民相比，他们更愿意成为市民留在城市中生活。他们的"城市梦"也比他们的父辈更执着。他们中间大多数人不愿意在结束了若干年的打工生涯后回乡务农，而且更加值得关注的是他们绝大多数根本没有务农的经历和经验。其三，更认同市民角色，更具主体感。新生代进城农民对市民身份的认同远远大于对农民身份的认同，他们把自己定位在城市打工者的序列之内，即"打工族"。这种角色定位和认同意义是极其重大的，这反映了新生代农民工对于城市的心理已经从上一代农民工的"城市过客"心态变成了"城市主体"心态。

加强新生代农民工的文化生活建设，党和政府就需要进一步提高对新生代农民工文化生活的重视，在完善户籍制度、就业培训以及服务管理体系的同时，也要为完善社会保障制度以及教育制度做出不懈的努力。党和政府在对提高新生代农民工文化生活方面给予有力的政策支持，并且在新生代农民工文化生活的各个方面起到一个引导作用。新生代农民工作为文化生活的主体，努力克服自身的缺点和不足，进一步提高文化素质、思想素质以及心理素质，同时增强参与意识和维权能力。与此同时，用工企业在新生代农民工文化生活方面要有所作为，工会要对新生代农民工文化生活做好组织保障，大众媒体要起到舆论的监督和引导作用。在提高新生代农民工文化生活质量的过程中，必须切合他们的实际情况，尽量做到有针对性和实效性，满足新生代农民工多层次的社会文化生活需求。

第五章 新生代农民工市民化的
职业教育政策与现状

第一节 新生代农民工市民化的职业教育政策变迁

新生代农民工的职业教育培训是伴随着国民经济和教育事业发展不断变化的，因此，梳理21世纪以来国民经济与社会发展规划和全国教育事业发展规划等有关文献资料，有助于我们更好地了解政策发展脉络，更好地认清教育形势。

一、国民经济和社会发展规划与全国教育事业发展规划中有关农民工提法的梳理

20世纪80年代以后出生的、年满16周岁以上的新生代农民工已成为农民工的主体，新生代农民工代表着农民工的主流，农民工正随着城乡关系变化而变化，当前正由"亦工亦农"向"全职非农"转变，由"城乡双向流动"向"融入城市"转变，由"寻求谋生"向"追求平等"转变，由"经济参与"向"社会参与"和"政治参与"转变，这一群体的壮大将对我国经济社会发展产生重大影响。农民工是伴随着经济社会发展和城镇化推进而出现的特殊称呼。党的农村流动人口和城乡发展政策是在农业社会向工业社会转变和计划经济向市场经济体制转变过程中演变而来的，这体现了政策演进过程的渐进性、现实性和市场引导性。城乡发展由"二元制"对立到城乡统筹到城乡一体再到现在融合发展，人口流动的轨迹由限制到放宽再到融合发展，这也表明我们人口流动发展的影响因素是由单一政策限制到驱动最后到经济、社会、个人综合驱动，未来机制必然由外在影响机制逐步转变为内生动力机制。21世纪以来，我们从"十五"到"十三五"时期国民

时期国民经济和社会发展规划有关城镇化和农民工的提法与全国教育事业发展规划上可以做出比较。

表5-1：十五～十三五时期国民经济和社会发展规划和全国教育事业发展规划有关农民工提法

十五～十三五时期国民经济和社会发展规划的有关城镇化与农民工提法		十五～十三五时期全国教育事业发展规划有关农民工教育培训的提法	
十五	提高城镇化水平，取消对农村劳动力进入城镇就业的不合理限制，引导农村富余劳动力在城乡地区间的有序流动	十五	大力推动农村教育综合改革，继续促进农村地区的农科教结合和基础教育、职业教育、成人教育的"三教统筹"
十一五	分类引导人口城镇化，对临时进城务工人员，继续实行亦工亦农、城乡双向流动的政策，在劳动报酬、劳动时间、法定假日和安全保护等方面依法保障其合法权益；对在城市已有稳定职业和住所的进城务工人员，要创造条件使之逐步转为城市居民，依法享有当地居民应有的权利，承担应尽的义务	十一五	推进国家农村劳动力转移培训工程和农村实用人才培训工程，促进农村劳动力的合理有序转移，提高进城农民工的职业技能和适应能力。成人教育和继续教育得到较大发展，各类职业培训规模不断扩大，培训质量明显提高，年培训城乡劳动者达到上亿人次，其中农村劳动力转移培训和农民工培训达6000万人次

续表

	十五～十三五时期国民经济和社会发展规划的有关城镇化与农民工提法		十五～十三五时期全国教育事业发展规划有关农民工教育培训的提法
十二五	城镇化率提高4个百分点，城乡区域发展的协调性进一步增强。把符合落户条件的农业转移人口逐步转为城镇居民作为推进城镇化的重要任务。鼓励各地探索相关政策和办法，合理确定农业转移人口转为城镇居民的规模	十二五	联合职业院校和行业企业建设一批农民工文化补偿教育和职业技能培训基地。鼓励各地采取发放培训券等灵活多样的形式，使新生代农民工都能在当地免费接受基本的职业教育与培训
十三五	坚持以人的城镇化为核心、以城市群为主体形态、以城市综合承载能力为支撑、以体制机制创新为保障，加快新型城镇化步伐，提高社会主义新农村建设水平，努力缩小城乡发展差距，推进城乡发展一体化。统筹推进户籍制度改革和基本公共服务均等化，健全常住人口市民化激励机制，推动更多人口融入城镇	十三五	强化省、市（地）级政府发展农村职业教育的责任，扩大农村职业教育培训覆盖面，根据需要办好县级职教中心。强化职业教育资源的统筹协调和综合利用，推进城乡、区域合作，增强服务"三农"能力。加强涉农专业建设，加大培养适应农业和农村发展需要的专业人才力度。支持各级各类学校积极培养有文化、懂技术、会经营的新型农民，开展进城务工人员、农村劳动力转移培训。逐步实施农村新成长劳动力免费劳动预备制培训

从十五时期的取消农村劳动力的不合理限制到十三五时期推进城乡一体化，这说明国民经济和社会发展规划不断变化过程演绎了城乡人口流动规律不断探索实践的过程。每一个时期的国民经济和社会发展规划有关农民工的提法就会相应地在教育事业发展规划中提出针对性的举措和政策导向，这说明不同发展时期国家在宏观政策上对农民工的发展问题具有针对性。

二、农民工职业教育培训政策发展阶段

改革开放以来，党和国家高度重视农民工的职业教育培训，颁布了一系列协调农民工职业培训内外关系的行为规范和准则。我们以国家第一个专门的农民工培训政策《2003—2010年全国农民工培训规划》和2012年中共十八大提出的新型城镇化为依据，将农民工职业教育培训政策划分为三个不同的阶段。

表5-2：1988—2019年农民工职业培训相关政策文件

时间	部门	文件名	相关主要内容
1988年11月18日	国务院	《关于组织实施"燎原计划"的请示》	农村教育要逐渐把为转移劳动力提供必要技术培训纳入工作任务之中
1993年2月13日	中共中央、国务院	《中国教育改革和发展纲要》	将"城乡劳动者的职前、职后有较大发展"纳入我国教育总目标，要认真实行先培训后就业的制度
1997年5月26日	共青团中央、公安部、劳动部等多部委	《关于实施社区"千校百万"外来务工青年培训计划的意见》	强调利用现有职业培训机构开展农民工职业培训
1998年10月14日	中共中央	《关于农业和农村工作若干重大问题的决定》	要求通过多种方式提高农民工知识水平、专业技能和安全生产知识

续表

时间	部门	文件名	相关主要内容
2003年1月5日	国务院办公厅	《国务院办公厅关于做好农民进城务工就业管理和服务工作的通知》	提出利用现有教育资源,委托职业培训机构为农民工提供形式多样的培训。由农民工自行选择并承担费用,政府可给予适当补贴。要对培训机构加强监督和规范
2003年9月18日	农业部、劳动和保障部、教育部、科技部、建设部、财政部	《2003—2010年全国农民工培训规划》	介绍了政策提出背景,对农民工培训原则、目标与培训任务、具体实施策略做出规划,这是关于农民工职业培训的第一份专门政策文件
2004年2月8日	中央一号文件	《中共中央国务院关于促进农民增加收入若干政策的意见》	强调城市政府要切实把对进城农民工的职业培训、子女教育、劳动保障及其他服务和管理经费纳入正常的财政预算
2004年2月20日	农业部	《关于做好2004年农民工作培训工作的意见》	提出按照"政府推动、学校主办、部门监管、农民受益"的原则,以市场需求为导向,多渠道、多层次、多形式地开展农村劳动力转移培训
2004年3月22日	农业部、财政部、劳动和社会保障部、教育部、科部、建设部	《关于组织实施农村劳动力转移培训阳光工程的通知》	要求在整体布局的基础上对各省培训工作的展开做出统筹规划。确立了各部门"政府扶持、齐抓共管,统筹规划、分步实施,整合资源、创新机制,按需培训、注重实效"的工作原则

续表

时间	部门	文件名	相关主要内容
2004年8月20日	劳动和社会保障部	《关于实施星火职业技能远程培训项目的通知》	提出结合农村劳动力开发就业试点和远程技能培训工作的开展,促进农村劳动力合理转移和有序流动
2005年10月28日	国务院	《国务院关于大力发展职业教育的决定》	扶持建设1000个县级职教中心,使其成为人力资源开发、农村劳动力转移培训等的重要基地
2006年3月27日	国务院	《国务院关于解决农民工问题的若干意见》	各地要适应城镇化的发展需要,开展农民工职业技能培训和引导性培训,完善农民工培训补贴办法。要研究制定鼓励农民工参加职业技能鉴定、获取国家职业资格证书的政策
2006年5月19日	劳动和社会保障部、农业部、财政部、教育部、科技部、建设部	《关于做好2006年农村劳动力转移培训阳光工程实施工作的通知》	要求扩大阳光工程的规模,中央对东中西部地区的人均补助标准做出了规范,并要求提高培训质量和加强监管。旨在提高农村劳动力素质和就业技能,促进农村劳动力向非农产业和城镇转移
2007年1月9日	劳动和社会保障部	《关于做好农村劳动力培训考核鉴定工作的通知》	提出高度重视、精心组织;实施分类培训,提高培训质量;实施职业技能鉴定,提供技能水平评价服务;组织开展专项职业能力考核认证试点;落实农村劳动力培训鉴定补贴
2008年2月19日	国务院	《国务院关于做好促进就业工作的通知》	建立健全面向全体劳动者的职业技能培训制度。对进城务工农村劳动者通过初次职业技能鉴定,取得职业资格证书,给予职业技能鉴定补贴

续表

时间	部门	文件名	相关主要内容
2008年12月20日	国务院	《国务院办公厅关于切实做好当前农民工工作的通知》	加大对农民工培训的投入,改进培训方式,扩大培训效果。要围绕市场需求开展订单培训和定向培训;开展职业技能培训,提高农民工的适应能力等
2009年12月31日	中共中央、国务院	《关于加大统筹城乡发展力度,进一步夯实农业农村发展基础的若干意见》	建立覆盖城乡的公共就业服务体系,积极开展农业生产技术和农民务工技能培训,整合培训资源,规范培训工作
2010年1月25日	国务院	《关于进一步做好农民工培训工作的指导意见》	农民工培训工作存在着缺乏统筹规划、资金使用效益和培训质量不高、监督制约机制不够完善等问题。并提出具体措施保障农工职业培训工作的顺利开展
2014年3月16日	中共中央.国务院	《国家新型城镇化规划(2014—2020年)》	其中涉及职业培训为城镇化服务的内容,为今后一个时期职业教育的改革发展指明方向
2014年5月2日	国务院	《国务院关于加快发展现代职业教育的决定》	完善面向农民、农村转移劳动力等接受职业教育和培训的资助补贴政策
2014年6月16日	教育厅、发展改革委、财政厅、人力资源社会保障部、农业部、扶贫办	《现代职业教育体系建设规划(2014—2020)》	建立现代职业教育体系,各级各类职业院校、培训机构和用人单位共同开展实用技能培训,是促进现代职业教育服务工业化、信息化、城镇化、农业现代化等同步发展的制度性安排

续表

时间	部门	文件名	相关主要内容
2014 年 9 月 30 日	国务院	《国务院关于进一步做好为农民工服务工作的建议》	继续加强对农民工就业创业政策的完善，有针对性地为农民工职业培训提供政策咨询、职业指导等，将农民工纳入创业政策扶持范围
2016 年 2 月 6 日	国务院	《国务院关于深入推进新型城镇化建设的若干意见》	组织实施农民工职业技能提升计划，每年培训 2000 万人次以上
2017 年 2 月 6 日	国务院	《国务院关于印发"十三五"促进就业规划的通知》	促进农村劳动力转移就业，加强输出地和输入地之间的联系，根据转移劳动力情况，因人因需提供技能培训和就业服务
2018 年 5 月 8 日	国务院	《国务院关于推行终身职业技能培训制度的意见》	面向城乡全体劳动者，完善从劳动预备，到劳动者实现就业创业并贯穿学习和职业生涯全过程的终身职业技能培训政策
2019 年 1 月 9 日	人力资源和社会保障部	《新生代农民工职业技能提升计划（2019—2022 年）》	到 2022 年末，努力实现新生代农民工职业技能培训"普遍、普及、普惠"的目标
2019 年 1 月 24 日	国务院	《国家职业教育改革实施方案》	积极招收初高中毕业未升学学生、退役军人、退役运动员、下岗职工、返乡农民工等接受中等职业教育

（一）农民工职业教育培训政策的探索阶段（1978—2003）

1988年11月18日，国务院颁发了《关于组织实施"燎原计划"的请示》，提出农村教育要逐渐把为转移劳动力提供必要技术培训纳入工作任务之中。1993年2月13日，中共中央、国务院颁发《中国教育改革和发展纲要》，提出"将'城乡劳动者的职前、职后有较大发展'纳入我国教育总目标，要认真实行'先培训后就业'的制度，并且提出到20世纪末，中心城市的行业和每个县，都应当办好一两所示范性骨干学校或培训中心，同大量形式多样的短期培训相结合，形成职业技术教育的网络"。1997年5月26日，国家出台《关于实施社区"千校百万"外来务工青年培训计划的意见》，提出"将城市外来务工青年的培训工作纳入本地区职业技能开发总体规划中"，并提到了培训机构和管理监督机制。1998年10月14日，中共中央颁发了《关于农业和农村工作若干重大问题的决定》，本次决定初次涉及培训内容和培训方式。2003年1月5日，国务院办公厅以一号文件的形式发布了《国务院办公厅关于做好农民进城务工就业管理和服务工作的通知》，提到培训原则、培训形式，首次提到经费及收费问题。这一阶段农民工职业培训政策散见于国家关于"三农"的相关政策中，强调对农民工进行职业培训的重要性，对农民工职业培训的方式、经费、监管等提出具体要求，但是缺乏关于农民工培训的系统性政策文件。

（二）农民工职业教育培训政策的发展阶段（2003—2012）

为进一步促进农村劳动力向非农产业和城镇转移，2003年9月18日，农业、劳动保障、教育、科技、建设、财政6部门共同制定，国务院办公厅转发了《2003—2010年全国农民工培训规划》，对农民工培训原则、目标与任务、具体实施策略做出政策规划，主要对农民工进行引导培训与职业技能培训，对农民工职业培训的管理机制、资金分担机制、激励机制、就业准入制度等提出要求。这是我国政府出台的第一份专门针对农民工职业培训的政策文件，相对于以往零散分布于其他政策文件的农民工职业培训政策来说比较完善，但具体实施细则不够明确，农民工职业教育培训政策仍需不断充实。2004年2月8日，国家颁布中央1号文件《中共中央国务院关于促进农民增加收入若干政策的意见》，意见对农民工的职业培训经费给予了制度性保障。2004年2月20日，农业部颁布了《关于做好2004年农民培训工作的意见》，提出"政府推动、学校主办、部门监管、农民受益"的原则。2004年3月22日，六部委出台《关于组织实施农村劳动力转移培训阳光工程的通知》，强调在整体布局的基础上对各省培训工作的展开做出统筹规划。确立了各部门"政府扶持、齐抓共管，统筹规划、分步实施，整合资源、创新机制，按需培训、注重实效"的工作原则，这是第一次针对政府各部门提出的工作原则。2004年8月20日，劳动和社会保障部颁布了《关于实施星火职业技能远程培训项目的通知》，在信息化的大背景下提出跨越省份的界限来开展培训工作，编写培训教材，交流培训经验，进行培训的实地调研。2005年10月28日，国家层面出台《国务院关于大力发展职业教育的决定》，要求各地区统筹协调，发展转移劳动力的培训。2006年3月27日，政府出台《国务院关于解决农民工问题的若干意见》，其中涉及了农民工工资、就业、技能培训、劳动保护、社会保障、公共管理和服务、户籍管理制度改革、土地承包权益等各个方面的政策措施。2006年5月19日，六部委颁布《做好2006年农村劳动力转移培训阳光工程实施工作的通知》，旨在提高农村劳动力素质和就业技能，促进农村劳动力向非农产业和城镇转移。2008年2月19日，国务院颁布《关于做好促进就业工作的通知》，提出要对农民工职业培训实施激励措施，对取得资格证书的进城务工人员给予职业技能鉴定补贴。2008年12月20日，国家出台《国务院办公厅关于切实做好当前农民工工作的通知》，提出进一步对民工职业培训经费投入、培训方式做出规范。2009年12月31日，中共中央、国务院发布《关于加大统筹城乡发展力度，进一步夯实农业农村发展基础的若干意见》，其中也提到要积极开展农民工职业培训工作。2010年国务院发布的1号文件《关于加大统筹城乡发展力度进一步夯实农业农村发展基础的若干意见》首次提出了新生代农民工的概念。2010年1月25日，国务院办公厅发布《关于进一步做好农民工培训工作的指导意见》，指出农民工培训中存在的问题，并提出具体改进措施。2010年6月21日，全国总工会在《关于新生代农民工问题的研究报告》中指出现阶段我国新生代农民工总数约在1亿人，占外出农民工的六成以上，占我国2.3亿职工队伍将近一半，在经济社会发展中日益发挥主力军的作用。在此期间农民工职业培训政策发展逐渐繁荣，提出了与农民工相关的配套制度、培训原则、培训机构、培训计划以及培训后职业技能鉴定等政策内容。这一阶段，我国针对农民工的职业培训有了系统规划与顶层设计，农民工职业培训政策相比前一阶段更加具体丰富，更加系统化，是我国农民工职业培训政策的大发展大繁荣时期。

（三）农民工职业教育培训政策的深化阶段（2012至今）

2012年中共十八大提出新型城镇化之后，国家为适应新型城镇化的发展需要，出台了一系列政策文件。2014年3月16日，中共中央、国务院颁布《国家新型城镇化规划（2014—2020年）》，提出要继续加强对农民工的培训，政府要给予农民工技能培训提供补贴，职业院校要积极参与农民工职业培训，在信息化背景下，建立网络咨询服务系统。同时还提出"农民工、失业人员等免费接受基本职业技能培训覆盖率到2020年要超过95%"，为今后职业教育的改革发展指明了方向。2014年5月2日，政府出台了《国务院关于加快发展现代职业教育的决定》，再次提出农民工职业培训的经费保障。2014年6月16日，国务院六部委发布的《现代职业教育体系建设规划（2014—2020）》，指出要广泛对农民工、退役军人等实施有效的培训，并且也支持农民工采取丰富多样的方式参与职业培训，明确将我国农民工培训纳入现代职业教育体系。2014年9月30日，政府颁布《国务院关于进一步做好为农民工服务工作的建议》，继续加强对农民工就业创业政策的完善，有针对性地为农民工职业培训提供政策咨询、职业指导等，运用财政支持农民工的创业培训，将农民工纳入创业政策扶持范畴。2016年2月6日，政府出台《国务院关于深入推进新型城镇化建设的若干意见》，提出城镇化质量不高等问题，明确加强对农民工的职业教育培训。2017年2月6日，国务院出台《国务院关于印发"十三五"促进就业规划的通知》，要促进农村劳动力转移就业，加强输出地和输入地之间的联系，根据转移劳动力情况，因人因需提供技能培训和就业服务。2018年

5月8日，政府出台《国务院关于推行终身职业技能培训制度的意见》，明确要面向城乡全体劳动者，完善从劳动预备，到劳动者实现就业创业并贯穿学习和职业生涯全过程的终身职业技能培训政策。2019年1月9日，人力资源和社会保障部专门出台第一部《新生代农民工职业技能提升计划（2019—2022年）》，专门针对新生代农民工群体，指出要普遍组织新生代农民工参加职业技能培训，提高培训覆盖率；普及职业技能培训课程资源，提高培训可及性；普惠性补贴政策全面落实，提高各方主动参与培训的积极性。

新时期对农民工职业培训做出的新调整，将农民工职业培训政策与新型城镇化发展相结合，成为新型城镇化发展的重要制度支撑。农民工职业培训政策经历由关注农业丰收、农村发展与转移劳动力的培训到将其作为新型城镇化问题的重要支撑的转变，标志着我国农民工职业教育政策发展进入新的历史阶段。农民工职业教育培训政策从分散走向系统，再从系统走向终身化，同时也专门出台了针对新生代农民工群体的职业能力提升计划。但客观地讲，新型城镇化建设是一个系统工程，也是一个新兴事物，现有的农民工职业培训政策与国家城镇化建设还存在诸多不适应的地方，如农民工职业培训的制度不完善，职业学校制度体系缺乏对农民工职业培训的关注，农民工的职业培训和行业所需的职业资格认证严重脱节，农民工培训的经费短缺，政府未将其纳入免费教育制度等严重制约农民工职业培训的质量与效能，也未能体现以人本城镇化的终身内生机制，进而影响国家新型城镇化进程。

三、农民工职业教育培训政策的时代印记

随着城市发展速度的加快，城镇中的农民工逐渐增加，我国开始关注农民工职业培训，并制定一系列相关政策以保障培训的顺利实施，完善的农民工培训政策也是我国社会发展到一定阶段的必然产物。农民工职业培训政策形成了独有的时代特点，主要是：农民工职业培训政策呈现出内容愈发丰富，培训方式更加多样，培训政策的参与部门相对较多，培训政策更加关注新型城镇化的发展需要。

（一）农民工职业培训政策内容不断丰富

从我国改革开放以来农民工职业培训政策的演进出发，不难发现国家对农民工职业培训愈发重视，农民工职业培训政策的内容不断完善。最初的"燎原计划"只是提到将转移劳动力技术培训纳入工作计划，2003年六部委颁布的《2003—2010年全国农民工培训规划》，其中涉及农民工职业培训相关的组织领导工作、资金投入工作、补贴激励办法、就业准入制度等各个方面，都提出了具体要求，内容丰富完整充足，这是一部系统的专门的农民工培训政策。2004年《关于促进农民增加收入若干政策的意见》为了切实保证农民工职业培训工作的顺利进行，将农民工子女教育、劳动保障及其他服务和管理经费纳入正常的财政预算。这是对农民工职业培训政策内容的一次质变性的扩展。2006年《做好2006年农村劳动力转移培训阳光工程实施工作的通知》中提到要提高农民工职业培训的质量，加强管理工作，该政策文件对农民工职业培训的质量做出了要求，并且对各省市的农民工职业培训给出了"阳光工程"计划规范。2010年《关于进一步做好农民工培训工作的指导意见》提出农民工职业培训中存在的问题，这是对农民工职业培训的总结反思，这是培训政策丰富的又一历史性跨越。2016年《国务院关于深入推进新型城镇化建设的若干意见》对每年参与职业培训的农民工人数做出了具体的规定。可以看出农民工职业培训政策不断地由简单发展到丰富，由概括发展到具体。迄今为止，我国农民工职业培训政策已经相对完善，涉及培训的各个方面，不论是管理层面还是具体实施细则、实施计划都有较为完整政策论述，政策内容涵盖了培训的整个过程。

（二）农民工职业培训政策涉及的培训方式更加多样

随着农民工职业培训政策的发展，政策中所涉及的职业培训方式更加多样化。1997年《关于实施社区"千校百万"外来务工青年培训计划的意见》中谈到"要充分利用现有技工学校、就业训练中心等职业培训机构开展这方面工作。"2003年《国务院办公厅关于做好农民进城务工就业管理和服务工作的通知》对农民工将采取政府委托培训的方式，交给各类职业培训机构，对其进行多种多样的培训。

2004年《关于实施星火职业技能远程培训项目的通知》首次提出远程培训方式，以远程培训为主要方式，结合农村劳动力开发就业试点。农民工的职业培训开始结合现代化信息手段。2006年《国务院关于解决农民工问题的若干意见》提出充分利用广播电视和远程教育等新手段，面向农民工开展培训，并且鼓励用人单位建设劳务培训基地，实用订单式培训。2008年《国务院办公厅关于切实做好当前农民工工作的通知》提出为了保证培训质量，农民工职业培训方式仍需改进、完善。2014年国家颁布的《国家新型城镇化规划（2014—2020年）》改变以往委托职业培训机构的培训方式，同时支持高等学校以及各类职业院校积极开展职业教育和技能培训，并且推进职业技能实训基地建设。该文件是对培训承担部门的补充，使得培训的方式愈发多元化。培训方式是农民工是否会选择培训的重要因素，满足农民工需求的培训方式，才能具有极大吸引力。我国农民工职业培训相关的政策对培训方式做出了具体要求，并且越来越多样化。采用课堂教学与实地训练相结合、面授与远程授课相结合、利用多媒体设备开展教学等多种方式开展培训，培训方式更加多样化。

（三）农民工职业培训政策的参与部门比较广泛

从历年的农民工职业培训政策的演变可以看出，当前农民工培训工作实施以及培训政策的出台都是多个部门协同合作，共同管理，也正如当时农业部副部长杨雄才所总结的"多部门参与农村劳动力转移培训工作的格局将长期存在"。国家作为统筹农民工管理工作的主要承担者，在农民工职业培训政策中也愈发重视对各参与部门的规划。在2006年实施的《国务院关于同意建立农民工工作联席会议制度的批复》中提出"建立由国务院领导任总召集人，国务院办公厅、发展改革委、劳动保障部等多个部门和单位组成的联席会议"，此政策的目的一方面在于发挥各部门力量，积极协助农民工培训工作的开展，另一方面在于以政策文件的形式规范管理职能。从农民工职业培训政策的发文部门方面看，虽然国务院较之于其他独立部门，发文相对较多，但大部分文件都是通过多部门合作，共同审批、发布。具有代表性的农民工职业培训政策，大多采用联合发文的形式，这些部门包括农业部、科技部、建设部、劳动保障部、财政部、教育部、发展改革委以及扶贫办等，常常会出现一份文件由多个部门联合落实的情况。所有参与部门都在不同程度上关注着农民工的职业培训，也为自己管辖部门下有关农民工培训工作补贴经费。有的部门极为重视农民工培训工作，会成立管理农民工培训的特殊机构，如教育部第一个成立了农村劳动力转移培训工作领导小组，2013年6月14日国务院办公厅也成立了农民工工作领导小组，这就形成了专门的组织机构进行统筹管理。但主要还是由农业部与社会保障部牵头，其他各部门在管理范围内共同承担。农民工职业培训的经费投入部门也不断完善，我国政府投入较多，农民工个人会承担一部分，国家规定用人单位也要承担培训费用。农民工职业培训的承担部门也在不断补充，技术院校、职业院校、各种民办教育机构和社会培训机构参与的培训布局，农民工职业培训的组织实施机构都在不断完善。由此可知，对于我国农民工职业培训政策，无论是发文部门还是执行机构，在培训过程中都起到了至关重要的作用。各级政府高度重视农民工培训，并加强部门间的配合工作，形成农民工培训的合力，相互协调，共同参与农民工的职业培训。

（四）农民工职业培训政策逐渐关注新型城镇化的发展需要

政策的发展是紧随社会发展的脚步，甚至是要能够预见社会发展的趋势。与我国农民工紧密相连的是城镇化的发展，随着城镇化发展步伐的加快，政府在培训政策上也逐步体现出了政府引导与城镇化发展需求相结合的趋势，我国农民工培训政策也在不断地演进、发展，尤其是2012年新型城镇化的提出对农民工文化、技能水平提出了更高的要求，我国农民工职业培训政策也愈发关注城镇化发展的需要。2003年国务院办公厅转发的《2003—2010年全国农民工培训规划》中明确指出"坚持面向工业化、面向现代化、面向城镇化的方向，以转移就业前的引导性培训和职业技能培训为重点，加快农村富余劳动力转移就业的关键在于加强农民工培训"。政府已经开始关注城镇化在农民工职业培训中的地位。2006年《国务院关于解决农民工问题的若干意见》中提出"各地要适应工业化、城镇化和农村劳动力转移就业的需要，大力开展农民工职业技能培训和引导性培训，提高农民转移就业能力和外出适应能力"。明确提出农民工职业培训服务于城镇化的发展。2014年发布的《国家新型城镇化规划（2014—2020年）》中多处涉及职业教育为城镇化服务的内容，涉及的职业教育内容就包括"加强农民工职业技能培训，提高就业创业能力和职业素质"，这为今后一个时期农民工职业培训的改革发展指明了方向。2016年《国务院关于深入推进新型城镇化建设的若干意见》中提出"《国家新型城镇化规划（2014—2020年）》发布实施以来，新型城镇化各项工作取得了积极进展，但仍然存在城镇化质量不高等问题。"针对一些问题所提出的意见中有一条明确指出要"组织实施农民工职业技能提升计划，每年培训2000万人次以上"。要加强对农民工的职业教育培训，全面深入推进新型城镇化的发展。因此，我国农民工职业培训政策的制定更加关注新型城镇化的发展需求。

总之，农民工的职业培训是面向城镇化的，农民工职业培训政策也应倾向于城镇化的发展需要。新型城镇化的发展对农民工提出了更高的要求，这也激发了农民工参与培训的热情与积极性，让农民工能够顺利在城镇就业，更好地解决了在城市中的生存压力。农民工职业培训政策的制定不仅适应了城镇化进程的脚步，也一定程度上满足了农民工的发展需求。

第二节　新生代农民工市民化的职业教育培训现状

在中国特色城镇化进程中，农民工市民化的教育培训随着国家政策变迁取得了一定的进展，仅从近几年发展情况来看，形势向好，但在实施中仍然面临一些矛盾和深层次问题。

一、近几年农民工教育培训现状

（一）农民工的数量结构现状

根据国家统计局2017年农民工的调查报告，2017年农民工总量达到28652万人，比上年增加481万人，增长1.7%，增速比上年提高0.2个百分点。在农民工总量中，外出农民工17185万人，比上年增加251万人，增长1.5%，增速较上年提高 1.2 个百分点；本地农民工 11467 万人，比上年增加 230 万人，增长 2.0%，增速仍快于外出农民工增速。在外出农民工中，进城农民工 13710 万人，比上年增加 125 万人，增长 0.9%。1980 年及以后出生的新生代农民工逐渐成为农民工主体，占全国农民工总量的 50.5%，比上年提高 0.8 个百分点；上一代农民工占全国农民工总量的 49.5%。

2018 年农民工总量为 28836 万人，比上年增加 184 万人，增长 0.6%。农民工增量比上年减少 297 万人，总量增速比上年回落 1.1 个百分点。在农民工总量中，在乡内就地就近就业的本地农民工 11570 万人，比上年增加 103 万人，增长 0.9%；到乡外就业的外出农民工 17266 万人，比上年增加 81 万人，增长 0.5%。在外出农民工中，进城农民工 13506 万人，比上年减少 204 万人，下降 1.5%。1980 年及以后出生的新生代农民工占全国农民工总量的 51.5%，比上年提高 1.0 个百分点；老一代农民工占全国农民工总量的 48.5%。在新生代农民工中，80 后占 50.4%，90 后占 43.2%，00 后占 6.4%。

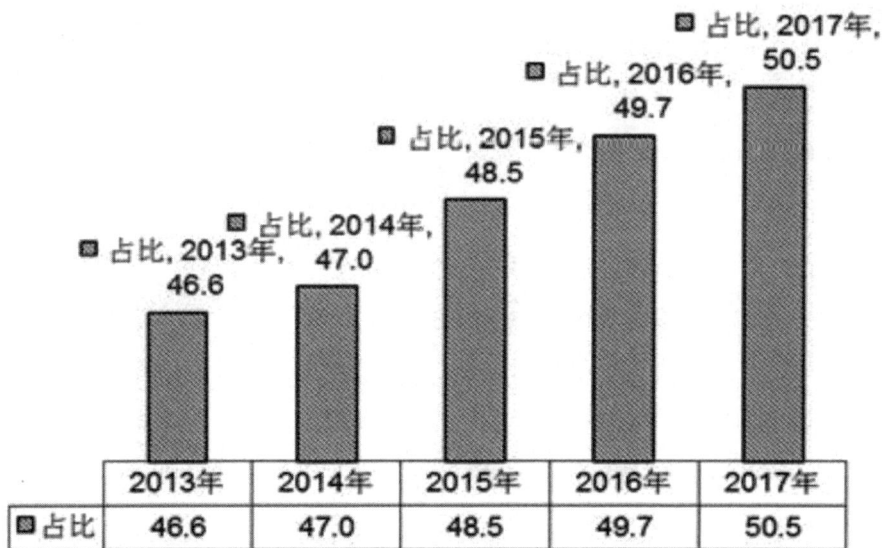

	2013年	2014年	2015年	2016年	2017年
占比	46.6	47.0	48.5	49.7	50.5

图 5-1 新生代农民工占农民工总量的比重

数据来源：国家统计局 2017—2018 年农民工数据监测报告

（二）学历教育现状

相比较2016年，2017年大专及以上学历农民工占比显著提高，2017年农民工中，未上过学的占1%，小学文化程度的占13%，初中文化程度的占58.6%，高中文化程度的占17.1%，大专及以上的占10.3%。大专及以上文化程度农民工所占比重比上年提高0.9个百分点。外出农民工中，大专及以上文化程度的占13.5%，比上年提高1.6个百分点；本地农民工中，大专及以上文化程度的占7.4%，比上年提高0.3个百分点。2018年，在全部农民工中，未上过学的占1.2%，小学文化程度的占15.5%，初中文化程度的占55.8%，高中文化程度的占16.6%，大专及以上的占10.9%。大专及以上文化程度的农民工所占比重比上年提高0.6个百分点。在外出农民工中，大专及以上文化程度的占13.8%，比上年提高0.3个百分点；在本地农民工中，大专及以上文化程度的占8.1%，比上年提高0.7个百分点。

表5-3 农民工文化程度构成   单位：%

	农民工合计		外出农民工		本地农民工	
	2016年	2017年	2016年	2017年	2016年	2017年
未上过学	1.0	1.0	0.7	0.7	1.3	1.3
小学	13.2	13.0	10.0	9.7	16.2	16.0
初中	59.4	58.6	60.2	58.8	58.6	58.5
高中	17.0	17.1	17.2	17.3	16.8	16.8
大专及以上	9.4	10.3	11.9	13.5	7.1	7.4

数据来源：国家统计局2016—2017年农民工数据监测调查报告

（三）技能培训现状

国家统计局数据显示，全国农民工数量接近3亿，半数为80后，仅3成接受过相关技能培训。从2014至2017年，全国累计开展政府补贴性农民工职业技能培训达3856万人次。相比较2016年，2017年接受技能培训的农民工占比与上年基本持平。接受过农业或非农职业技能培训的农民工占32.9%，与上年基本持平。其中，接受非农职业技能培训的占30.6%，比上年下降0.1个百分点；接受农业技能培训的占9.5%，比上年提高0.8个百分点；农业和非农职业技能培训都参加过的占7.1%，比上年提高0.6个百分点。其中，本地农民工接受农业或非农职业技能培训的占30.6%，比上年提高0.2个百分点；外出农民工接受农业或非农职业技能培训的占35.5%，比上年下降0.1个百分点。

表5-4 接受技能培训的农民工比重　　　　　单位：%

	接受农业技能培训		接受非农职业技能培训		接受农业或非农职业技能培训	
	2016年	2017年	2016年	2017年	2016年	2017年
合计	8.7	9.5	30.6	32.9	32.9	32.9
本地农民工	10.0	10.9	27.6	30.4	60.4	30.6
外出农民工	7.4	8.0	33.7	35.6	35.6	35.5

数据来源：国家统计局2016—2017年农民工数据监测调查报告

二、新生代农民工职业教育培训现状分析

全国农民工总量一直保持稳中有增，目前已接近3亿人，但全国农民工接受过非农职业技能培训的仅占三成，说明农民工特别是新生代农民工职业教育培训工作仍存在一些短板，实际工作中仍存在制度政策不够完善、覆盖面不够广泛、规模需要扩大、针对性有效性不强、促进贫困劳动力实现就业脱贫的支持度不够等问题。由于农民工职业教育培训现状每一年的情况不同，各个地区的差异较大。只能归纳一般性的现状和同质性问题。

（一）系统内部视域现状凸显新生代农民工职业教育培训的复杂性

从现行组织机制及机构看，没有形成统一的组织机构，缺乏有效的配套保障机制与措施。就行政管理而言，涉及的多个行业和部门之间缺乏沟通，配合力差，还没建立起管理、培训、指导、服务等功能协调的专门机构，导致对农民工的培训各自为政，盲目性、无序性突出。就资金管理而言，多部门介入放大了对财政资金的需求，由此带来资金分散，且各部门培训资金使用标准和方式不同。从运行机制而言，不少地方很少引入市场竞争机制，采用垄断和专制手段，下指标、搞摊派，还有就是尚未形成合理的、多元化的资金投入，缺乏足够的激励机制吸引财政以外的其他资金的投入。同时，对教育培训机构也缺乏相应的激励和监管制度，导致教育培训机构的短期化利益倾向严重。从职业教育培训教学状况看，在内容上，由于信息的不对称所提供的培训内容狭隘片面，较为单一、低层次，与就业脱节的情况比较严重，落后于市场需求，忽视相应的文化及思想观念的培训；在方式方法上，延续传统课堂注入式教学，还未开发出针对新生代农民工特点的培训；在师资上，由于不同程度上引进了志愿者模式，构成上以专兼职结合为突出特点，存在着非职业化倾向和不稳定性的因素；在培训基地建设上，由于政府经费投入不足，总体规模偏小，导致大部分培训机构校舍简陋，教学设施落后，同时实训基地也不能适应大量农民工跨地区就业的培训需要，难以形成具有较大影响力的品牌培训基地。从职业教育培训成效看，整体上参与教育培训数量占较高的职业技能培训需求量极低，职前、职中、职后教育培训工作进展不平衡。有学者研究表明，新生代农民工在职培训参与率远低于城镇职工在职培训参与率，企业新生代农民工获得的在职培训机会较少。同时，城乡互相脱责，不愿承担培训教育的义务。

（二）系统外部视域现状凸显新生代农民工职业教育培训的边缘性

从政府层面分析，一些地方政府未切实贯彻中央有关精神。从实施情况来看，政府重视对农民工输出地培训，忽视了农民工输入地培训；重视职前培训，忽视职中培训；重视培训政策的扶持，忽视了有限的农民工培训指标实施。从培训态度看，一些地方政府部门缺乏工作的主动性和积极性，没有主动地进行广泛调查和科学的整体规划。从信息保障看，一体化服务的网络服务平台基本上未构建，劳动力转移信息统计口径不一，数据的真实性、可靠性有待提高。从企业和培训机构层面分析，企业作为培训的投资与实施主体之一，对培训投资一方面要受投资成本和收益预算的约束，另一方要面避免在合约关系不稳的情况下出现培训投资收益外溢；还有一些企业并没有真正认识到员工培训作为一种人力资本投资所具有的长效性，缺乏参与新生代农民工培训的积极性和主动性。培训机构作为培训的实施主体之一，对新生代农民工的培训大多在行政指令的方式下处于自发状态，少有和用人企业或劳动力市场紧密联系，导致培训机构的职业技能培训与劳动力市场信息不对称，影响了培训的有效性。从新生代农民工自身层面分析，一是由于很多新生代农民工对学习的认识存在偏差，有的人对学习知识没有兴趣，对掌握新知识丧失信心，不能正确认识培训后的潜在价值；二是由于新生代农民工普遍工资较低，少有剩余支付学习，他们大多从事生产性操作性工作，工作时间外很少有精力学习；三是他们自我约束力差，面对同龄人出入娱乐场所的诱惑，能静心接受培训难度很大；四是新生代农民工生活在工业区，对提供培训项目的信息渠道不畅通、学习便利性不够；五是由于所处环境的局限性，他们的文化程度和技术水平与他们所从事职业的技术含量没有形成正面强化，培训后就业服务不到位，造成培训投入预期收益不明朗，从而挫伤了新生代农民工参与培训的积极性。

（三）受教育培训的权利限制了融入城市的深度和广度

接受教育的权利受限。首先，自身接受教育权利的缺失。1986 年颁布的《义务教育法》第八条明确提出实行基础教育实行"地方负责，分级管理"。这导致长期以来，我国城市教育主要是由国家负担，而农村教育则主要是由农民自己负担。据 2001 年国务院发展研究中心一项调查发现，农村义务教育实际上是农民自己负担。全部义务教育投入中，县乡一级的负担高达 87%，省地负担约 11%，中央财政只负担了 2%。国家对农村教育的低投入使得农村教育很难吸收稳定的优质教育人才，购置良好的教学设施，营造现代化的教学环境，组织高效的教育教学活动。与城市教育在此消彼长的情况下，城乡教育差距快速扩大。再加上我国教育改革始于20世纪80年代，新生代农民工出生成长也在80年代以，后二者在时空上存在高度的一致性，极大地影响了他们的受教育水平，对其日后市民化产生了重大的消极影响。其次，子女接受教育权利的缺失。随着时间的推移，新生代农民工的子女也已到了入学的年纪。由于目前的政策大多以城乡之间的户籍为依据，造成政策本身对人口的流动性考虑不足，使得新生代农民工的子女在频繁的迁徙的过程中，很难享受到异地城市提供的公平、优质的教育。有调查显示，进城务工人员子女能享受城镇免费公办学校的只占4.81%，缴费能上的也不到10%，包括能上城镇民办学校的也只占21%左右。这表明他们子女教授教育权利缺失的状况非常严重。

（四）系统的合力效应较弱导致教育客体期望和教育参与率差距较大

近年来，在党中央、国务院的正确领导下，各级党委和政府认真贯彻落实中央对提升农民工职业素质技能的相关精神及要求，认真抓落实、促发展，取得了明显的成效，但与"十三五"规划的总体要求相比还有一定差距。一是系统合力没能形成，教育资源挖掘不够。从基层政府管理功能看，县（区）、乡镇政府及相关职能部门针对农民工职业素质和技能教育管理工作缺位现象不同程度地存在。农民工管理工作纵向涉及国家、省、市（州）、县（区、市）及乡（镇）政府部门，横向涉及同级的人力资源、农业、科技、教育、财政、工会、妇联等相关部门。参与的调研结果显示：县（区）以下的政府及管理部门，为农民工提供身份转换保障的服务较多，在职能范围进行农民工技能教育的政府部门不多。在农民工技能教育培训过程中，各教育主体因受自身人力、财力、物力、权限等因素的影响，教育主体之间缺乏沟通、教育信息发布的渠道有限，单兵作战、各自为政的现象极为普遍，各方教育主体虽然积极作为，但主体优势依然难以发挥，导致农民工技能教育培训覆盖面不宽、效力不佳等问题产生。据有关调研显示，只有35%的农民工认为国家政策非常支持他们接受职业技能教育；尽管各教育主体定期或不定期地开展农民工技能教育培训，但依然有50%的农民工不知去哪里参加教育培训；有41%的农民工不知道企业、周围社区各类学习资源的分布情况；在参加过教育培训的农民工中，认为教育效果好的占10%，较好的占30%，一般的占60%。二是教育客体期望和教育参与率差距较大。多数农民工有提高自身技能的愿望，目标也较清晰。也有调研显示：首先，农民工对职业技能教育的期望较高。有45%的农民工希望提升自身技能，35%的农民工在条件允许的情况下愿意提升自身技能。其次，部分农民工有业余学习习惯，比如有28%的农民工会利用休息时间看书、看报。再次，农民工的教育目标也较明确。有30%的农民工有"充电加油"的愿望；有32%的农民工有升职、改行的愿望；有38%的农民工参加培训是为了增加收入。所以，农民工参加职业技能教育培训的原始动力是解决自身发展的需要。

三、新生代农民工职业发展的影响因素

结合人力资本理论及相关文献调查，我国新生代农民工人力资本具有四点现状：即六成左右的新生代农民工具有初中及以上受教育水平；新生代农民工中参加过职业技能培训的人数比例不足三成；新生代农民工社会保障整体参比仍处于较低水平，健康人力资本不高；新生代农民工工作迁移流动频繁，人力资本积累缺乏可持续性。与此同时，新生代农民工人力资本的提升也面临诸多障碍：政府、企业、社会组织、家庭和个人五个行为主体的投资责任意识不清晰，人力资本积累的效率不高；社会保障机制、教育培训机制，以及市场机制等不健全；人力资本培训缺乏有效的监督和管理体制。目前，新生代农民工职业化的道路还很漫长，离真正职业化的目标还有一段距离。新生代农民工职业化的影响因素主要有以下几点：

（一）政府层面：新生代农民工职业化缺少顶层设计和宏观规划，农民工社会保障制度不完善

2.8 亿农民工职业化是一个庞大工程，需要从中央到各级政府进行统筹规划，整合各方社会资源。目前，政府对新生代农民工职业化问题尚未达成共识，农民

工职业化缺乏宏观调控，如相关政策法规的制定、专门管理机构的建立、专项财政的拨款、规范用工管理、新生代农民工职业教育与职业培训的统筹、职业资格的认证、就业指导平台的建设等方面均缺乏统一的规划和指引。在农民工城镇化进程中，政府虽然出台了一些社会保障制度，如农民工积分入户政策、医疗社保制度、子女入学制度等，在一定程度上帮助了农民工在城镇立足，但二元户籍制度造成的社会保障、劳动保障、工资待遇、职业培训、就业晋升、子女教育等城乡差异问题仍然存在，成为农民工职业化发展的障碍。

（二）企业层面：新生代农民工职业培训缺乏长期规划，培训激励机制不健全

部分企业只从眼前利益需要出发，没有考虑新生代农民工职业发展与企业发展的关系，对新生代农民工职业培训缺乏长远规划，以致新生代农民工难以学到整套技能。部分中小型企业没有专门的员工培训管理部门，企业不舍得在新生代农民工培训方面花费更多的人力、物力和财力。新生代农民工看不到职业发展的未来，对企业缺乏归属感，流动现象严重，这也导致企业更不想在新生代农民工职业培训方面下力气，进而形成了恶性循环。此外，大部分企业缺乏行之有效的职业培训激励机制，农民工参加职业培训不能与待遇提升、职务晋升有机结合起来，新生代农民工感受不到职业培训带来的好处，体会不到职业培训与自身职业发展的联系，自然失去了参加培训的兴趣。企业不能为员工搭建职业培训和职业发展的平台，再加上部分企业内部的劳动权益保障不到位，员工收入低，工作环境、居住环境差，以致新生代农民工不能在企业安心工作，与企业的"心理契约"达成度较低。

（三）职业教育层面：失去吸引力，职业培训效果不明显

职业教育是职业化的起点，但我国职业教育发展并不理想。高等教育的扩招，使不少家长和孩子产生"唯学历论"思想，对技工存在偏见和歧视，再加上职业教育经费不足、师资缺乏等原因，使我国职业教育发展陷入了困境。尽管我国把职业技术教育作为教育规划发展的重点，但大部分农村户籍初中毕业生更愿意选

择外出打工及早就业。职业教育发展不景气，导致一线技术工人严重不足，阻碍了我国经济转型和产业升级的进行，也极大地妨碍了新生代农民工职业化的发展。尽管一部分新生代农民工走上工作岗位后，接受过来自政府或企业组织的就业前或就业后的职业培训，但总的来讲职业培训还存在不少问题：一是培训目标功利化，以掌握入门式职业知识和技能为目的，旨在尽快适应工作；二是培训内容单一化，以职业知识技能及生产安全卫生知识学习为主；三是培训方式理论灌输为主，实践操作不足；四是培训设施陈旧，教学场地有限，教学设备不足；五是培训教师缺乏实践经验，难以进行有效的实践指导；六是培训评价程式化，缺少职业资格认证的引导。职业教育与职业培训是新生代农民工职业化的重要渠道，职前教育不得力，职后培训失效力，极大地阻碍了新生代农民工职业化的发展。

（四）新生代农民工层面：职业技能不强，职业意识不足，没有确立长期职业发展规划

与老一代农民工相比，新生代农民工从小随父母来城镇生活，他们起点更高，更容易接受城市的新思想和新观念。但大部分新生代农民工初中或高中毕业后就工作，不仅相关工作经验少、职业知识薄弱、职业技能不足、职业素养不高，也没有取得相关的职业资格认证。这一代年轻人来自农村，一部分人只看眼前利益，缺乏长远的职业发展规划和个人发展规划，且欠缺职业化意识，不能认识到人力资本投入的重要性，主动学习的积极性不足。据调查，新生代农民工中"认真制定人生规划"的只占18.04%；"想过，但未制定过规划"的占62.97%；"从未想过人生规划"的占 18.99%。他们为生存和获得更高的报酬，经常转换工种和单位，"短工化"现象特别严重，在城市的去留两难问题，更加剧了他们职业的不稳定性。根据马斯洛需要层次理论，人的需求由低到高依次为生理需求、安全需求、社交需求、尊重需求和自我实现需求，低层次需求未满足，很难顾及高层次需求。新生代农民工生活在社会底层，他们首先要解决的是生计问题，若最基本的生存需求未能实现，则难以顾及高层次的职业意识、职业发展以及自我实现需求。

职业教育是面向工作岗位技能要求的一种教育，它是一种更侧重于实践技能和实际工作能力培养的教育，是最直接、最具经济效益的一种教育。发展职业教

育不仅能提高新生代农民工文化素质和职业技能，而且能够提高新生代农民工的就业能力和就业质量，从而提高其劳动生产率，使其劳动所得增加。教育与收入之间存在着正相关性，随着农村劳动力平均受教育年限增加，劳动收入弹性逐渐增大，接受过职业教育和技术培训的农户，其家庭劳动纯收入明显高于没有接受过培训的农户。随着我国产业机构的升级，对熟练劳动者需求进一步加大，必然造成劳动力市场就业岗位的两极分化，低技能岗位的减少，必然加剧低技能劳动者的失业，相反，高技能者会拥有更多的就业机会和就业岗位，而且拥有良好的工作环境和优厚的福利待遇。同时，受教育程度的高低及就业能力的高低是影响其职业稳定性的决定因素。文化水平高又接受过专业技能培训的人，他们文化基础好，基本素质高，就业能力强，就易于接受新知识、新技术，就易于适应产业转型产品技术更新换代，就易于在就业竞争中获得稳定的工作岗位，为永久定居城镇奠定坚实的基础。

第三节 新生代农民工市民化的职业教育问题分析

近年来，随着城镇人口的扩张，我国进入城镇的农民工已经达到了两亿多人，农民工成为城镇发展的重要推动力，因此我国更加关注农民工的职业培训，通过政策文本的形式保障农民工职业培训的顺利开展。我国农民工职业教育培训政策也愈发完善，能够着眼于社会发展的实际，着眼于农民工发展的实际需要。虽然农民工职业教育培训政策更加关注新型城镇化发展，但是也存在政策价值偏重于工具与效率，农民工职业教育培训体制机制政策的衔接不足，经费政策的规范不明确细化，农民工职业教育培训政策内容缺乏系统化等问题，这些问题都成为阻碍农民工职业教育培训顺利实施与我国新型城镇化推进的障碍。

一、农民工职业教育培训政策价值相对偏颇

农民工职业培训政策本身是社会利益与社会诉求的制度化体现，纵观农民工职业培训政策历史演进可以看出，作为公共政策，农民工职业培训政策为社会发

展、城镇化的质量提高做出了巨大贡献，使得新型城镇化战略发展取得了喜人收获。但是也出现了农民工职业培训政策价值偏离的问题。过于注重效率而未体现公平，重视农民工职业技能提升而忽视职业素养培养。教育政策价值是教育政策活动的客观属性（如教育政策要素、结构、内部运行机制等）满足教育政策的主体需要的一种关系。农民工职业培训政策也是属于教育政策的一部分。因此，农民工政策价值选择就尤为重要，但事实上农民工职业培训政策所体现出的是政策制定主体与实施者的价值偏重，但在一定程度上却出现了价值偏误。

（一）过于注重效率而忽视公平

农民工职业培训政策的价值是社会各界包括农民工对于培训进行评判的基础，也是培训工作的灵魂与标尺，具有引导性作用。国内有学者提出合理的教育政策价值取向主要表现在两个方面：坚持为国家发展与为教育发展的统一、坚持公平和效率的统一。我国出台了许多与农民工职业培训相关的政策，许多地区针对本地区不同情况也出台了一系列政策，上海市启动实施的"农民工技能提升三年行动计划"，北京市、广州市等地都针对农民工出台了相应的政策，各地已经越来越重视农民工的职业技能培训，参与培训的人数也越来越多，覆盖的范围越来越广泛，农民工职业培训工作已经广泛开展。农民工职业培训政策的出台本应是效率与公平兼顾，但在发展中却走了样，过于注重效率而忽视了公平，只是单纯地追求培训率，参与培训的人数。国务院出台的《关于进一步做好为农民工服务工作的意见》中提出"每年开展农民工职业技能培训2000万人次"，却忽视了地区之间投入的差异，农民工输入较多的城镇与输入较少的城镇培训规划应该是有区别的，包括培训人数、培训资金投入等。参与培训人数增多固然是好事，但是一味追求人数，忽视各地差异，实质上是不公平的。

（二）重农民工职业技能提升而轻职业素养培养

农民工作为城镇化发展的中坚力量，需要得到充分的尊重，以此提升农民工的地位，而职业培训为农民工的发展提供了一条重要途径，因此农民工职业培训政策的价值取向应重点体现以人为本，尤其是新型城镇化重点在于人的城镇化，农民工职业培训政策要更加注重"以人为本"。但是在实际中，与农民工职业培训相关的政策并未体现出农民工的核心地位。从我国历年颁布的与农民工职业培训相关的政策可以发现，政策主要着重于宏观层面的规定，可以说是涉及职业培训的方方面面，但是唯独忽略了职业培训的主体——农民工。特别是在政策的实施中，政策价值取向过度偏重于工具性价值。但对农民工职业培训不仅仅是为了推进新型城镇化，也是对于农民工自身的提升。并且农民工职业培训的需求是广泛的，包括农民工职业素养的培养和农民工自身技能的提升，尤其是职业道德品质的教育培训，这是农民工职业培训首要的也是最重要的方面。凡事过犹不及，任何事都要把握一定的度，农民工职业培训最终必然推动新型城镇化的发展，但是过于重视技能提升而忽略职业素养的培养，将推进城镇化作为培养的目的，而忽视农民工的发展，这样只能事倍功半，难以真正实现人的城镇化。

二、农民工职业教育培训政策的有效衔接机制不顺畅

农民工职业培训政策的有效实施对于推进人的城镇化发挥了重要作用，而农民工职业培训政策的实施又离不开有效的衔接机制，但是我国农民工职业培训政策依然存在缺乏法律保障、政策缺乏、政出多门、参与机制不健全等衔接机制不完善的问题。

（一）农民工职业教育培训立法缺失

我国的城镇化起步晚，但城镇化的速度快，即便2012年国家提出新型城镇化战略，城镇化进程中的农民工职业培训问题依然不容忽视，尚未建立农民工职业培训的法律保障，这是城镇化历史遗留的问题。农民工是改革开放推进的产物。改革开放后，我国经济加速发展，需要大量劳动力，大量农民工涌入城市，农民工的职业培训与农民工生存密不可分，给立法工作带来了困难，所以我国对于农民工的职业培训一直以来都是以政策支持为主。但是政策文件不具备法律的强制力，它的强制执行性欠缺，并且政策的主观性太强，尤其是在政策的执行过程中，各地区的负责部门会根据本地区的情况或者部门的主观意愿对农民工实施培训，自主决定的成分太大，这样使得政策随意性太大，给了有些部门或者机构敷衍塞

责的机会，会出现投机行为，骗取国家对农民工的培训补贴。因此，国家迫切需要农民工职业培训的相关法律支持。

到目前为止，我国没有针对农民工职业培训的相关保障法律，尤其是与农民工职业培训有关的活动还没有具体明确的法律条文。1993年的《中华人民共和国农业法》只是针对农业的培训，其中提到了农民工的培训，但是因为该法主要是面向农业，因此农民工的培训很容易被忽视。1995年的《中华人民共和国教育法》作为我国教育的指导性法律，却未对农民工培训做出指示。1995年实施的《中华人民共和国劳动法》虽然涉及培训相关内容，但培训是面向企业员工的，农民工被排除在外。直到1996《中华人民共和国职业教育法》才涉及农民工职业教育相关内容，即便是涉及农民工职业培训的内容也只是空洞宽泛，模棱两可。可以看出，我国现有的农业法、教育法、劳动法以及职业教育法等，都是在一步步渗透农民工的职业培训，但是针对性依然不强，我国的法律体系对于农民工的职业培训的规定只是在其他法律中有所涉及，并没有相对较全面的法律体系阐述农民工的职业培训问题，没有相关的具体细则，缺乏统整性，不论是在法律的内容上还是具体操作上，都不能切合实际解决问题。

新型城镇化提出以来，我国更加重视农民工的职业培训，各个地区也对农民工制定了职业培训计划、目标等，虽然也有相关政策支持，但是都没有上升到法律层面，我国农民工职业培训的法律环境还是与实际需求之间有巨大的差距，这就使得我国的农民工职业培训在现实操作中无法可依。我国农民工职业培训的法律缺失，政府对农民工职业教育培训重要性的认识不足，是当前农民工培训诸多问题的根源之一。法律的缺失就容易导致实际中出现的一些问题将没有法律支撑，无法采取法律手段保障农民工职业培训的实施。特别是农民工群体，生活缺少保障，在职业培训方面若没有法律保障就难上加难，最终导致农民工职业培训政策的实施没有法律依据。

（二）农民工职业教育培训政出多门

我国农民工职业培训政策的一大特点是参与的培训部门较多，如1997年由共青团中央、公安部、劳动部等多部委颁布的《关于实施社区"千校百万"外来务工青年培训计划的意见》，2003年由农业部、劳动保障部、教育部、科技部、建设部、财政部六部委颁布的《2003—2010年全国农民工培训规划》，2014年由教育部等六部委发布的《现代职业教育体系建设规划（2014—2020年）》。而且，我国的农民工职业培训管理工作也分别由不同的行政部门负责，多部门参与虽然有多部门参与的优势，比如多部门参与可以发挥各自优势，对提高农民工的职业技能有积极的推动作用；多部门参与也体现出各单位对于农民工职业培训的重视与支持。然而这样的管理方式也容易出现政出多门，管理混乱；各部门难以协调增强培训效果的问题。

教育、农业、扶贫、财政、劳动、妇联、科技等多个部门共同对农民工职业培训工作进行管理。比如教育行政部门如若对农民工进行基础知识教育，就依靠下属各类学校；劳动部门则依靠自己下属的就业培训机构进行农民工就业培训；各行各业（农业、建筑业、制造业等）也是在自己相关领域内进行农民工职业培训。而农民工职业培训后的资格考核，技术等级的鉴定、认证以及证书的发放由各级政府的劳动就业部门管理；由社会力量组织的农民工职业培训机构的审批以及管理工作由教育行政部门承担；财政部门负责农民工职业培训经费的财政支出。所以多个部门联合制定政策是常态的政策选择，但这就要求相关行业与职能部门之间能够紧密联系，互相配合，通力合作。

但在实践中，教育部、人力资源和社会保障部等分别负责农民工的职业培训，很难协调制定战略规划。即便是各相关部门之间互相妥协，政策的执行效果也会受到影响。从上到下承担农民工职业培训的机构杂乱，农业部、教育部、人力资源和社会保障部等都有农民工职业培训职责，管理过于混乱。由于这些部门没有统一的管理监督，使得本来就各有其责，各司其职的各部门更无法统筹开展农民工培训工作，出现了"千条线回不到一根针"的局面。这种多部门共同负责，共同参与的培训方式致使农民工培训机制无法顺畅。各部门之间的主体地位与职能分工不明确，缺乏集中统一领导和规划，缺乏职能分配机制和运行机制，没有建立完整的指导、服务、管理、监督等功能协调的管理体系，部门之间沟通与协调配合不足。就导致农民工职业技能培训工作政出多门，条块分割、各自为政的情况较为突出。农民工职业培训参与部门较多，各部门之间处理问题、实施计划的方式也会不同，因此会产生诸多分歧，这就容易导致各部门之间无法科学配合，各部门之间也会出现利益分歧与推卸责任。但是这些部门以及各相关单位并没有积极投入精力到农民工职业培训中去，很多职能部门对农民工的职业培训敷衍了事，最终结果就是培训成为利益争执的源头，管理部门之间犹如一盘散沙。没有系统科学的管理，就会导致农民工职业培训政策难以真正有效支撑教育培训工作。

（三）职业院校参与合作不强劲

农民工的人数逐年增加，而这一庞大群体的职业培训工作需要强有力的、足够规模的承担机构。而职业院校是支撑农民工职业培训的最佳选择。农民工的职业培训不仅需要培训机构，而且需要职业院校的通力合作，它们是农民工职业培训顺利推进的保障。但是在政策内容中没有完善的合作机制，只是泛泛而谈，具体的合作机制没有涉及，农民工职业培训政策往往忽视职业院校参与的重要性。第一，新型城镇化建设对于职业院校来说是一个全新的机遇，也是农民工立足于城镇的绝佳时机。并且，职业院校本身的发展与进步，也离不开农民工的参与，职业院校如若将眼光放长远，积极承担社会责任，参与农民工的职业培训，也是为自身的发展提供更宽泛的生源基础，对于招生难的职业院校来说，这无疑是一条绝佳的发展途径。但在农民工的职业培训中不难发现，职业院校并不愿意参加农民工职业培训。原因有两点，第一，职业院校主要是以学历教育为主，而农民工职业培训是非学历教育，在职业院校看来非学历教育属于不入流教育，提供培训是自掉身价，不屑参与。第二，农民工职业培训的性质与职业院校提供的教育形式差异很大，职业院校主要是通过教师教，学生学，学生基本层次差别不是很大。而农民工时间少，差异大，要针对农民工的特点实施。国家所提供的培训也是如职业学校的教育一般，培训时间长且固定，通过系统化的培训实施职业教育，这就难以满足农民工的需求，因为他们无法长时间参加职业培训而放弃自己的工作。

一个完善的培训体系，最终应形成以政府为指引，企业积极参与，社会各界积极配合，尤其是需要职业院校的鼎力支持，利用职业院校的校舍、教学设备、师资等资源参与农民工的职业培训，这是充分利用教育资源，为农民工职业培训提供支持的重要手段，国家在政策制定中应充分考虑这一因素。不同的教育培训，这对职业院校来说是一大挑战，所以职业院校更愿意固守不前，也不愿实施培训。第二，整个国家的职业教育制度设计关注的是学校教育体系，关注的重点对象是青少年学生，较少关注到农民工的职业培训，农民工职业培训极少被纳入职业教育的制度设计中，或者说没有完整的农民工职业培训体系的制度设计。

三、农民工职业教育培训经费政策的规定不明确

六部委在《2003—2010年全国农民工培训规划》中有明文规定，农民工职业培训所需要的资金由政府投入、用人单位和农民工个人承担。但是，在新型城镇化的今天，农民工作为城镇化推动力的主体，以及城市中的弱势群体，其职业培训便更为重要。农民工职业培训的一个关键问题就是经费问题，农民工职业培训需要耗用财力、人力、物力等许多社会资源。因此农民工的经费问题已经严重阻碍了农民工参与培训。我国农民工职业培训经费政策规范不明确，虽然原则上是三者共同承担，但承担比例不明确，政府投入不足，用人单位投入欠缺，农民工无力承担培训费用，都成为职业培训政策执行中的痼疾所在。国家在农民工职业培训中投入了大量经费，不同的部门对农民工职业培训有相应的财政补贴，保证了农民工职业培训有固定投入，这部分经费相对比较稳定。主要通过国家的财政拨款，分别由中央和地方负责，财政拨款是农民工培训经费的最主要来源。政府投入少，虽然中央政府和地方政府已经拨出一定的资金对农民工职业培训进行补贴，但是仍旧不能满足职业培训的大量需求。自从2012年新型城镇化提出以来，我国城镇农民工人数平均每年增长约495万人，城镇中这些数量庞大的农民工群体的职业培训经费需求已远远超出国家拨款，资金投入的欠缺使得农民工职业培训寸步难行。农民工的职业培训是一项投资大并且收益周期长的项目，对于政府来说，不能获得直接的回报，能从中获得利益的是农民工与用人单位。因此，政

府财政部门一般会将资金投资到能更快收益的工程，没有足够重视农民工的职业培训。即使政府部门给予农民工职业培训财政拨款，但是经费拨付总额依旧很少。在教育投入不足的情况下，我国教育培训的经费主要还是用于城镇失业者和城镇人员的培训，农民工未被纳入其中或者只能得到很少一部分经费。加上农民工又是一个庞大的群体，这点经费对于农民工来说简直是杯水车薪。

企业是农民工职业培训的经费支持者，也是受益者，企业有责任也有义务给予农民工的职业培训经费支持。企业对农民工进行职业培训实质就是人力资本的投资，对于提高企业竞争力，增强企业实力有极大的益处。而且我国政策文件《2003—2010年全国农民工培训规划》，明确地提出"用人单位负有培训本单位所用农民工的责任。用人单位开展农民工培训所需经费从职工培训经费中列支，职工培训经费按职工工资总额1.5%比例提取，计入成本在税前列支"。但事实上，在该政策执行过程中出现严重的偏误，企业对农民工职业培训的投入严重不足。

农民工参与职业培训的另一个经费投入主体是自身。农民工作为职业培训的直接受益者，在参与职业培训中要承担一部分费用。国家为了保障农民工职业培训的顺利进行，也制定了农民工职业培训相关的经费政策，但是农民工职业培训经费问题依然是制约农民工参与培训的重要因素。一方面是农民工自身观念陈旧保守；另一方面是农民工收入低，无力支付。

四、农民工职业教育培训政策内容缺乏系统化

农民工职业培训是基于市场需求，满足农民工个性差异的系统工程，是对培训过程中各个要素的有机整合，包括农民工职业培训内容、方式以及考核机制等。这些要素缺一不可，它们相互联系，相互制约，相互促进，保障农民工职业培训工作的顺利开展。因此在农民工职业培训政策的制定中要尤为注重政策的系统化，确保培训政策能适应市场发展需求，满足农民工的不同需要。但实际操作中农民工职业培训政策内容依然存在培训内容与实际脱节，培训方式难以满足农民工实际需求，培训考核机制缺乏等问题。

农民工职业培训内容与实际脱节。农民工参与职业培训，就是为了适应岗位

需要或者获得新的就业岗位，解决工作生活中面临的问题，以能够在城市中生存，获得可持续的发展。随着社会的进步，各行各业之间的竞争越来越激烈，农民工要适应社会巨变的挑战，就要不断学习新内容，更新知识体系，提高自己的职业能力以及满足将来职业要求的职业素养。而以往只能解决基本生存问题的单一技能及工作技巧已经不能追随时代的步伐，因此职业培训成为农民工获取新技能的重要途径。然而农民工职业培训是一个系统的有机的整体性工程，在操作过程中要以岗位需求为导向，和行业及企业中的农民工的发展需求相结合，与社会的发展需要相结合。但是相关政策却缺乏具体的实施细则，虽然在《国家新型城镇化规划2014—2020年》中提出要建立实训基地，却没有详细的规划，也未对实训基地指导老师提出相应的要求。就会出现即使建立实训基地，也没有实训教师，也缺乏对教师的培养，培训效果并不理想。我国农民工职业培训没有在新型城镇化发展战略中调整与改进，内容相对如今的需求来说较为陈旧，那么陈旧的知识体系与技能体系就无法满足城镇化发展的实际需要，就易导致培训与实际脱节，无法满足市场需求。加上培训也缺乏实践操作机会，主要还是以教师教、学生学的传统方式进行，这样的培训是农民工不需要的，难以取得应有的效果，也无法发挥农民工职业培训政策的保障作用，说到底是政策制定中规范的缺失导致执行不力。因此，培训政策中所涉及的培训内容与实际需求还无法匹配。

五、农民工职业教育培训方式难以满足农民工需求

随着新型城镇化的深化，城镇发展对人提出了更高的要求，同时也要求城镇化的建设能服务于人的发展。因此，作为城镇化的主体，农民工要提高自己的竞争力，适应产业结构的调整，适应新型城镇化的发展。农民工的职业培训机构为满足农民工的不同需求，也要采取与以往不同的，多样化、信息化、灵活的职业培训方式。但事实上，即便农民工职业培训相关政策中明确提出采取多样化的方式开展农民工培训工作，但很多培训机构依然我行我素，不会创新培训方式，采取课堂授课的形式。这种老套的培训方式不能满足农民工的培训需求，即便农民工参加职业培训，也对教师所教内容没有兴趣，处于游离状态，农民工的关注点早已进入课堂外的事情上，要么索性不参与培训，枯燥无味只能让农民工失去兴趣，从而降低农民工参与职业培训的积极性。虽然培训机构为了改善这种状况也采取了现代化的教学手段，课堂上使用多媒体，做PPT，播放视频，采用实图，但始终不能调动农民工的培训热情。培训方式不合理有以下原因：

（一）忽视了农民工的文化基础与理解能力

据国家统计局2015年最新数据统计，农民工受教育程度在初中及以下的人数占74.8%。可以看出，总体上，我国农民工普遍受教育程度不高，文化基础相对较弱，因此接受能力、理解力、学习力某种程度上会存在困难。当然，也有部分文化水平较高的农民工或者相对学习力较快的农民工。职业培训往往忽视了农民工的差异，盲目地对不同层次、不同对象的农民工进行统一的职业培训。如若负责农民工职业培训的机构只是一味地追求利益，统一开展培训工作，培训结果只能千差万别，使得学习能力较差者无法理解所学知识，学习能力较强者学不到有用知识。培训就只能沦落为利益团体赢得利益的手段，农民工就无法真正参与到培训中。这样的培训非但不能起到培训应有的效果，在一定程度上也是对教育培训资源的一种极大的浪费，并会削弱农民工参与培训的积极性。

（二）培训方式不考虑农民工的个性发展需求

我国一般采取集体面授和灌输式的农民工职业培训方式，也就是将所有农民工集中到同一班级，进而对其进行集体统一面对面授课的形式。这种方式虽然快捷方便，但是也容易产生一些问题。整个班级的学生一起上课，就很难做到因材施教，很难照顾到不同学生的个性差异。在新型城镇化提出的四年以来，农民工群体的变化也是巨大的，而传统的集体授课方式已经不能满足新型城镇化背景下农民工的个性需求，这就会导致农民工参与培训的效果大打折扣。

（三）培训时间设置不合理

由于农民工是城市的边缘群体，他们收入水平低，但是要承担和城镇人口同样的消费水平，加上体力劳动的劳作，日复一日的劳动使他们一方面没有时间参与培训，另一方面没有精力参加职业培训。因此职业培训的时间安排对他们来说就尤为重要。部分培训机构的培训方式单一，是只开展简单的短期集中培训，这种短期的培训难以真正提高农民工的技能水平，农民工也学不到真正有用的东西，这是限制农民工获取高水平技能的因素之一。因此如何协调农民工的培训时间与培训质量之间的关系也成为农民工培训方式改进的重点。

新型城镇化的推进对农民工职业培训的质量要求越来越高，但是众多因素导致我国农民工职业培训不能满足农民工自身的发展需求，也不能满足企业、行业的发展要求，职业培训的效果并不理想，培训质量难以满足社会需求。现阶段，我国农民工的职业培训大部分是通过国家的行政指令来完成，参与培训的机构缺少竞争意识，各同级培训机构也很少会主动参与互相评估，因此很难促进培训机构的优化改进发展。即便是有少数机构会自我评价，但由于自评需要具有很强的批判性，这些机构也很难深入评价。农民工职业培训机构的质量参差不齐，所以培训的质量也无法保证。

第六章 新生代农民工市民化的
终身职业教育体系理论

第一节 终身教育理论

一、终身教育的发展过程与内涵

英国教育家耶克斯利参加了"1919年报告"的调查和起草工作，所著《终身教育》（耶克斯利，1929）不仅是世界上第一部冠名为"终身教育"的著作，而且首次从宗教和世俗相结合的角度对终身教育进行了完整阐述。现代终身教育与英国的联系，诚如波兰学者苏霍多尔斯基所说，英国1919年的成人教育报告中就有终身教育的痕迹，并且通过耶克斯利的《终身教育》一书，终身教育思想逐渐被人们所了解（苏霍多尔斯基，1976）。20世纪20年代，在欧美一些国家同时出现了关于成人教育重要意义及基本原理的探索，就是对上述观点的有力诠释。尽管终身教育古已有之，但是这一古老观念的真正复兴却发生在20世纪50—70年代。终身教育观念的现代复兴主要源于两种动力：一是20世纪以来，面对经济、社会、文化、生态、技术、知识等各种变革所带来的复杂挑战，人类不得不重新审视整个社会以及自我的教育设计。在对传统教育激烈批判的过程中，一些重要思想家、政治家、教育家及社会活动家"复兴"了"终身教育"这一观念。二是20世纪50—70年代，伴随现代成人教育在世界范围内的兴起，成人教育不仅成为推动终身教育发展的"火车头"，而且使终身教育概念的内涵得以具体化和明确化。20世纪70年代，在与非学校化、人文主义等思潮平等竞争的情形下，终身教育最终成为最重要和最广泛的现代国际教育思潮。朗格朗不仅明确提出"必须把教育看作贯穿于人的整个一生与各个发展阶段的持续不断的过程"（Lengrand，1970），而且全面阐述了终身教育的概念、意义、原则、内容、方法、发展战略等，为后来终身教育的发展奠定了重要基础。朗格朗还强调终身教育战略的实施必须优先考虑成人教育，成人教育是"终身教育的火车头"。朗格朗对全球教育带来的巨大影响，诚如前联合国教科文组织秘书长赫梅尔（C.Humuel）所言："可以与哥白尼学说带来的革命相媲美的终身教育概念的发展，是教育史上最惊人的事件之一"（Ouane，2003）。随后，联合国教科文组织（UNESCO）出版的《学会生存》对终身教育做了全面论证和阐述，提出的革新建议涉及教育政策的指导原则、教育机构与教育手段、学前教育、普通教育、职业教育、高等教育、成人教育、扫盲、新技术的应用及师资培训、学习者的责任等。其中第一条也是最主要的一条是建议"把终身教育作为发达国家和发展中国家在今后若干年内制订教育政策的主导思想"（UNESCO，1972）。

终身教育是法国成人教育家保罗·朗格朗于1965年于联合国教科文组织召开的成人教育会议上提出来的。他以终身教育为报告题目，主张教育应当是人类存在的所有部门进行的，教育应当贯穿于人的一生成为一生不可缺少的活动。并在1970年出版的《终身教育引论》中给终身教育下了明确定义："终身教育是指一系列非常具体的思想，实验和成就。也就是说，终身教育即教育这个词所包含的所有意义，包括了教育的各个方面、各项范围，包括从生命运动的一开始到最后结束这段时间的不断发展，也包括了教育发展过程中的各个点与各个阶段之间的紧密而有机的内在联系。"1996年，在联合国教科文组织"21世纪教育委员会"编著的《教育——财富蕴藏其中》就将终身教育概括为："把与生命有共同外延并扩展到社会各个方面的这种连续性教育称为终身教育。"认为终身学习是打开21世纪光明之门的钥匙。我们可以把终身教育的特征归纳为：一是终身性。社会化的第一个基本特征即终身性。教育是促进人的终身化发展的活动，理应为人的终身化发展为主要目的，人的发展是持续不断的，因此人的学习也是持续不断的。二是全民性。全民性指教育的主体不受年龄、职业等条件的限制，所有人都可根据自己的需要自主选择学习内容。三是多样性。终身教育的多样性不仅是指受教育者人群的多样性，同时也体现着办学主体、教学目的、教学形式、教学地点等的多样性。四是社会性。终身教育的社会性体现在终身教育不仅是促进个人不断发展的活动，更是促进社会全面发展的活动。其社会性是指终身教育真正成为全社会高度重视、全力支持、共同参与、共同享受的事业这样一种状态，即教育的社会化和社会的教育化，或者是学习社会化和社会学习化，这是终身教育体系的最高境界，是终身教育特征的集中体现。终身教育理念在20世纪70年代末到80年代初引入到我国，而后逐渐引起国内学界和政界的重视。1993年，我国首次在中央文件中正式引用"终身教育"理念。中共十七大报告提出，到 2020 年教育的总体奋斗目标是，现代国民教育体系更加完善，终身教育体系基本形成，人民受教育程度和创新人才培养水平明显提高，我国从人力资源大国变成人力资源强国。《国家中长期教育改革和发展规划纲要》提出，10 年后要"形成适应经济发展方式转变和产业结构调整要求、体现终身教育理念、中等和高等职业教育协调发展的现代职业教育体系。

2015年9月，联合国可持续发展峰会通过具有里程碑意义的《2030年可持续发展议程》明确指出：确保包容性和公平的优质教育，促进全民享有终身学习机会。此次峰会高度重视职业技术技能的培养，尤其是在获得负担得起的优质职业技术教育与培训，获得就业、体面工作和创业所需职业技术技能；消除性别差距以及确保弱者的机会等方面。在这种全球一体化教育愿景的要求下，联合国教科文组织开始更加强调从终身化、包容性、开放性等更广泛的角度对职业教育的发展进行诠释。随着2030年相关发展议程的推进，职业技术教育与培训领域如何落实相关目标和行动，成为国际社会的重要关注点。

总之，信息技术、全球化和迈向知识经济的转型给世界带来的新变革，与蒸汽机和印刷术的发明给世界所带来的变革一样剧烈。我们生活在一个新的时代。在这个时代里，需求如此复杂、多样化，变化如此迅速，以至于我们能够生存下去的唯一方式，就是在我们生命的整个进程中，进行个人的、社区的和全球的学习。在21世纪剩余的大部分时间里，终身学习依然是个人生存与未来社会前行的"护照"。终身学习与跨越终身的教育必定相伴而行。

二、终身教育与职业教育

职业教育属于终身教育的一部分，终身教育的核心是职业教育，职业教育由终结教育转变为终身教育，为人们指出了一条发展完善自身的崭新之路。职业教育作为一种类型教育，不是仅仅在学校进行的教育和培训，它更是指职前、职中、职后、转岗以及再就业的教育与培训，贯穿人的一生。职业教育属于终身教育的一个重要组成部分，与终身教育具有内在一致性。终身教育和职业发展是一个持续一生的过程，对整个过程的不同阶段、不同结果有不同的评判标准，由于强调评价标准的多元化，使人们各展其长，各得其所。终身教育注重人们个性的发展，注重个性发展的全面性、统一性、连续性，使每一个人有足够的机会发展自我、完善自我、真正实现人的全面发展宗旨。2014年第一部真正意义上的职业教育发展规划即《国务院关于加快发展现代职业教育的决定》明确支持：到2020年，形成适应发展需求、产教深度融合、中职高职衔接、职业教育与普通教育相互沟通，体现终身教育理念，具有中国特色、世界水平的现代职业教育体系。这一表述指出现代职业教育不仅是一种教育类型，也是终身教育理念指导下的整个教育体系的组成部分。

现代职业教育体系理论是为了适应经济社会发展之需，满足人们多样化和个性化的职业教育需求，形成现代职业教育、普通教育、继续教育相互沟通协调的现代职业教育系统。市场形势的变化，现代职业教育必须要超越现有学校的围墙教育局限，使得正规学校提供的职前教育与职场学习、社会教育等建立有机联系，形成现代职业教育集体，尽其所能地与成人教育密切融合，与职业发展定向融合，形成面向社会岗位群的需求转化，为全面终身的教育发展提供真实而持久的内驱力。通过构建终身职业教育体系，可以切实有效地实施对新生代农民工教育补偿机制，有益于促进新生代农民工市民化终身职业教育的"立交桥"，打通从小学、中等教育等"断头路"，形成中等、专科、本科甚至到研究生的沟通衔接，以农民工终身职业发展为坐标轴，全力构建横向上学历教育与非学历教育、多层次人群职业技能培训等相互沟通的多元开放的立体体系。

随着终身教育的发展，每个人、每个生命阶段都被纳入了终身教育体系之中，新生代农民工也不例外。从接受教育的目的来看，新生代农民工接受教育的最终目的是实现自我、提高生活质量、融入城市社会。从本质上说，融入城市将是一个长期的，甚至是延续终身的再社会化过程，在这一过程中，新生代农民工不仅需要提高自身的职业技能与文化素养，还需改变原有的生活方式、社会交往方式、价值观念等，以适应城市生活，这将是一个全方位的转变过程，是一种面向未来的，以变革为目的的"创新性学习"过程。

第二节　人力资本理论

一、背景与缘起

人力资本理论的诞生具有复杂的社会背景和学术背景。20 世纪 60 年代世界两大超级经济体形成对立阵营并开展对峙是人力资本理论诞生的社会背景，马歇尔计划的成功和西欧迅速复兴的实践也推进了这一理论的诞生。同时，学术界对马尔萨斯困惑之谜、资源短缺型国家现代化之谜、战败国战后崛起之谜、现代财富增长之谜等五个经济增长之谜的探索为该理论的产生提供了理论基础和学术背景。在对这些谜团的求解过程中，人力资本这一全新理论得以创设。

斯加斯塔模型作为早期的人力资本迁移理论的代表，他认为迁移是人力资本的函数，受过良好教育、具有较高素质或有特殊专长的年轻劳动力总是最先迁移。后来的卢卡斯模型则在农村劳动力迁移的动因上提出了和以往理论都不同的观点。他认为，农村劳动力之所以决定迁移是由于在城市能够积累更高的人力资本，而这些人力资本是在农业生产中所不能获得的；威廉·配第是英国古典经济学的奠基人，是第一个明确将人视为资本的人。他指出人的"技艺"在财富创造和产品生产中起到了重大的作用。亚当·斯密把人们后天通过教育和生产实践而获得的生产技能划归为固定资本，并指出熟练劳动者工资要高于普通劳动者工资。马歇尔全面论述人力资本的特征、工人的教养、教育的生产力价值等问题，并清晰阐述了工业教育和普通教育的不同培养目标。现代人力资本理论是由舒尔茨提出的，他纠正了古典政治经济学中关于劳动同质的观点。他指出不论人力资本还是非人力资本，"这两类资本都不是同质性的；实际上两者都由多种不同的资本形态构成，因而都是非常异质性的"。他进而提出关于人口方面的研究"主要建立在人口数量论基础上，除一小部分经济学家外，几乎没有人致力于发展质量——质量论。应该把质量作为一种稀缺资源来对待"。

现代人力资本理论有三个代表人物，即舒尔茨、贝克尔和丹尼森，三人对人力资本理论内涵的讨论各有侧重。舒尔茨的观点可以从以下几点进行概括总结：第一，对"资本"概念的完整解析应从两个部分进行讨论，这两个部分分别是物质资本和人力资本，两者都是国民财富的组成部分。第二，人力资本对现代劳动生产率的质变和经济总量的猛增正起着愈加重要的作用。第三，认为应调节对人力资本提升教育的经济投入，调节的依据即市场经济对人力资源的供求变化和不同人力资本存量的价格水平。第四，舒尔茨也提出了人力资本的资本投入标准，即人力投资所获得的收益应大于其投入成本。人力资本理论另一位代表人物贝克尔的理论贡献在于人力资本的微观分析。他从家庭生育行为及个人资源的经济决策和成本—效用分析角度，对人力资本及其投资问题进行了全面系统的探索。而丹尼森的理论贡献在于对各项人力资本具体要素之作用的定量测度分析，并创设了"余数"分析概念。通过先贤不懈的探索和研究，我们获知人力资本就是人的能力和素质，这是客观存在的。从另一个角度阐述，人力资本即内化于人本身四方面素质——健康、智力、知识技能和道德，总的来说就是个体知识和技能的存量。个体具有更高水平的人力资本存量，其具有的生产能力也越大。

人力资本理论，将流动作为一种个人投资，既有成本又有收益，所引致的成本可分为现金成本和社会成本，只有在投资成本与收益相抵后有净所得时流动才会发生。他认为个人流动决策，取决于其流动成本和收益的比较结果。既然流动是一种投资行为，流动者在做出流动决策时就必须考虑流动成本与流动收益问题。流动行为决策取决于迁入地与迁出地的收入差是否大于流动成本。将劳动者的流动（适应就业机会的变化）同教育培训（获得知识和技能）和卫生保健（保持寿命和精力）一起列为三种主要的投资之一。也就是说流动作为一种投资，在需要花费成本的同时可以为流动者带来收入流的预期。

二、内涵与作用

社会生产过程中不仅有土地、厂房、设备等要素投资形成物质资本，而且对人身上投资形成人力资本，即对生产者进行教育培训等开支和接受这一教育培训时的机会成本等综合投入，表征为蕴含于人身上的各种生产知识、劳动与管理技能以及各种素质存量的总和。诚然，限制和约束新生代农民工市民化的因素既有如外部制度、城市本身、社会身份认同等外赋变量，也有受制于个人知识、技能、综合素质等人力资本不足而引起的内生变量，而内生变量影响其市民化的关键因素。人力资本的高低决定着市民化能力的强弱，尤其是对新生代农民工，他们最稀缺的是人力资本。人力资本投资，使得他们取得收益和发展机会远大于其成本支出，除了带来货币收益之外，还可以带来社会地位、劳动强度降低、受到社会尊重等非货币收益。以职业生涯发展为导向对新生代农民工进行人力资本投资，主要是构建终身职业教育体系形式投入到新生代农民工个人身上凝结而成的人力资本存量，这种人力资本量的大小将会影响他们市民化的意愿，进而影响市民化的进度。构建终身职业教育体系并运行该体系，他们的文化和技能素质会持续性提升，进而市民化能力的延展性就会越强，融入城市的心里归属就会更加强烈，社会阶层向上流动水平和劳动力配置能力就会越高，市民化的发展程度及城镇生活稳定性就会更好。

教育能够帮助个体成员获得文化资本，在垂直的社会流动中向上流动。组织科层制的扩展，人才选用的制度日趋客观化、标准化；教育制度行使一定的剔选的功能，这种剔选制度本身具有客观化、标准化的特征，因而受教育程度自然成为获取社会资源的一个重要指标，并成为向上流动必需的一个先决条件。受教育程度关系着社会成员的声望，社会成员因受教育程度的不同，处于不同的社会阶层。受教育程度的改变，促使社会成员产生社会流动。教育的这种功能，促使社会成员渴望接受更多教育，获得更多的文化资本，从而占据更有利的社会地位。

现代人力资本理论还认为，投资于教育，可以使社会收入的分配更加公平，缩小贫困差距，减少贫困人口数量。通过教育培训，可以提高劳动者的综合素质，包括劳动者技能、知识，提高工作效率和收入，进而使社会收入的分配趋于公平。教育培训能够提高劳动者的综合素质，这就直接提高了劳动者的资本水平，且这种培训会给劳动者带来更多的财富，也会为社会创造更多的财富。因此，职业培训本身就属于投资。人力资本的优化会对整个社会产生巨大影响，有助于经济机构的优化升级。通过投资职业培训来提升劳动者人力资本水平，会直接影响到经济，促进经济的稳定、迅速增长，提升广大劳动者整体收入水平，促进社会收入公平。进行职业培训，是人力资本升值的最优渠道。现代市场经济的实践证明，忽视职业培训对于促进就业和创造就业机会的作用，忽视职业培训与劳动力市场的关系，忽视职业培训中观念和精神的塑造，都是危险的。对人力资本进行研究探索，进一步挖掘人力资源，提升其平均水平，会促进整个国家的发展，降低失业率，增加职业培训所带来的收益率。

我们目前正处于产业转型阶段，这种变化借助要素重组和劳动力市场的需求变化，对劳动者的技能和综合素质提出了更高的要求，因此以前流水线的简单操作远远不能满足企业和就业市场的需求。如果新生代农民工想要找到一份自己满意的工作，并得到较好的工资待遇，最终获得留在城市成为城市居民的机会，那么进行一定的人力资本投资是必不可少的。通常来说，人力资本投资是一个漫长且充满不确定性的过程，人力资本投资的收益价值和预期收益率在很大程度上决定了人力资本的投资量，这对人力资本投资的时效性提出了更高要求。终身职业教育的灵活性、开放性和动态性可以在一定程度上满足人力资本投资时效性的要求。因此，要把握引进人才人力资本投资和效能提升的最佳时期，及时开发利用人力资本，在引进人才入职之初加强职前培训和职业教育。此外，相关研究表明，

126

人力资本投资会使年龄—收入曲线发生倾斜，即年轻时人力资本投资将减少所观察到的收入，而在年老时又会提高收入，因此要抓住年轻时的时机，为以后职业的长久发展奠定基础。

第三节　再社会化理论

一、社会化与再社会化

社会化是每一个人都会面临的问题，是个体持续一生的经验。社会化是人和社会相互作用的结果，是单个社会成员为融入特定的社会环境而学习相关文化、技能并塑造与当前社会环境相符的行为规范和价值观念，形成一定的人格特征并主动适应社会的过程。一般来说，大多数人经历社会化之后，逐渐发展其社会性，获得了合格的社会成员资格，进入了社会。而著名的终身教育论者埃德加·富尔认为："人永远不会变成一个成人，他的生存是一个永无止境的学习过程。"用更通俗的解释来说，人的一生都是一个未完成的过程。青少年完成学校教育进入社会后必将展开初级社会化，在这个初级社会化阶段之中，个体在时刻变化的社会环境中顺利生存下来并谋求自身长远发展，还应不断更新已有的文化知识和生存哲学，学习新的社会行为规范从而实现成人继续社会化。然而当个体原来的思想和生活方式以及行为模式与社会环境的要求不协调达到彼此冲突的程度时，则有必要进行个体的再社会化。

"再社会化"是指个体从原有的生活方式向另一种新的生活方式转变、适应和内化的过程。这个过程要求具有再社会化需求的社会成员淘汰旧的价值观念和行为模式，对新社会环境中的主流行为规范和思想观念产生认同感和亲近感。由此可见，新生代农民工群体在城市社会的融入过程也是一个个体再社会化的过程。具体来看，农村剩余劳动力迁入城市社会谋求生存和发展是一个劳动力要素资源优化配置的过程，毋庸置疑，这也是农村剩余劳动力通过再社会化获得市民身份的过程。

在理论层面，社会学对"社会化"概念的内涵解析主要是从三个维度展开的，即文化维度、人格发展维度和社会结构维度。从文化这一维度解析，社会化的实质就是社会成员个体对社会文化的内化；从人格发展这一维度解析，社会化就是社会成员的个性特征形成和发展过程；从社会结构这一维度进行解析，社会化就是使社会成员获得社会性，能够独立进行各种社会活动，对当前的社会结构进行维护并予以发展。基于以上概念分析框架，我们认为可以对新生代农民工的再社会化概念进行如下界定：新生代农民工的再社会化是这一群体进入与原生长环境有显著差异的城镇社会后，在其于城镇社会的互动过程中，通过个体主动适应并学习新的城镇行为准则和道德规范、城镇生活技能，并将之内化融合从而塑造并完善自身的社会人格，最终作为一个城镇社会成员成功参加各种社会活动的过程。

再社会化是社会化的一种衍生和发展，再社会化是个体舍弃过去的一套社会规范和价值标准，重新学习社会所要求的社会规范与价值标准的过程。再社会化的过程实质就是个体去适应陌生的新环境，通过后天的不断学习和改变，最终完全融入新环境的过程。从文化的角度看，再社会化又称社会教化，是指在初级教化基础上为适应新的社会文化环境重新建立社会规范的过程，也是人按照新的社会文化改变自己的思想感情、心理、性格、行为得到新的认同的过程。从行为特点上，还可以将再社会化分为"主动"和"被动"社会化两种。"主动社会化"即看再社会化的主体是否自觉主动地按照社会规范再社会化。"主动社会化"又分为两种：一种是个体承担更高的社会角色而进行的再社会化，一种是个体移居或客居文化模式很不相同的他乡而进行的再社会化。"被动再社会化"是主体被迫地、强制地适应新环境要求。"被动再社会化"也可分为两种：一种是社会地位降低后进行的再社会化，一种是个体违反社会规范和大多数人的利益而被社会强制的再社会化。新生代农民工进入城市后，由于他们的生活环境和社会角色发生重大改变，迫使其要放弃农村原有的行为方式和价值观念，进一步强化和确立适应城市生活的价值观念和行为方式。这个过程就是新生代农民工再社会化的过程。简言之，新生代农民工的再社会化是新生代农民工融入城市社会后，生活方式、行为

128

方式以及社会关系、自身素质和心理适应的再社会化。

从农民到农民工，从农民工成为城镇新市民化，本身就是一个再社会化的过程。新生代农民工再社会化包含两个过程：一是社会环境作用于个体的过程，即新生代农民工需要适应新的社会环境，包容并接纳该城镇社会对其施加的各种影响，这些影响将促使新生代农民工整合新旧两种价值规范和行为准则；二是个体对社会环境的反作用过程，即新生代农民工以其自身原有的价值观念和行为方式反过来对城镇社会施加影响。新生代农民工的再社会化过程包含生活技能社会化、社会规范社会化和个体特征社会化多个方面。第一个方面即新生代农民工在其再社会化过程中学习城镇生活技能，为经济层面融入城镇打下基础；第二个方面是指通过再社会化过程，新生代农民工认同城镇社会规范并将之内化，使自身行为准则和思想观念符合城市生存的需要；第三个方面也就是培养并健全自身的精神内涵，实现精神面貌和个性特征的再社会化，以最终真正融入城镇社会之中。

二、社会化与阶层流动

在我国特殊的国情下，城乡人口的转移并不是从农民到市民的地域、身份、职业的彻底转移。也就是说，向城市转移的农村人口并不等同于本质上的城里人，而是首先成为进城务工的农民工，再通过一系列社会制度的强化与农民工自身不断地适应，直到生活方式、行为方式、思维方式和价值观念逐步城市化，社会身份由农民转变为真正意义上的城市居民。这一过程是十分复杂的，这不仅需要社会宏观体制的改革和相关制度的创新，为新生代农民工提供强大的政策支持，也需要新生代农民工努力学习，提高自身素质，发展相应的能力，为获得市民资格和适应城市环境做好充分的准备。

个体的社会融合是一个复杂、动态的过程，只有个体发生根本的改变，才能促进个体在社会融合中的效率及效果。教育，能够促进个体的发展，发挥主观能动性。教育将社会融合所需的知识传递给个体，改变个体的文化水平，提高个体的素质；个体通过接受教育提高人力资源成本，逐渐转变为适应社会需要的人才，将可能的劳动力转化为现实的劳动力，适合社会的发展需求。推动个体发生改变，顺利融入社会。教育是促进个体与社会发展以及引导个体顺利融入社会的根本途径。

社会分层是财富、声望与权力三个标准重叠而成的多种社会位置。教育，可以弥补经济分层中不同阶层之间的差距。现代社会各阶层的位序已趋于稳定，但对于处在社会较低阶层社会成员而言，教育是改变自身命运的有效手段。虽然社会分层对教育机会平等具有一定的影响，但社会成员通过接受教育与自身的努力可以不断向社会更高阶层迈进。社会成员通过接受教育，不断提高自身的能力，提高自身的综合素质，主动寻求与其相匹配的地位身份，改变自身的阶层地位。更高层次的阶层不断吸收容纳通过教育改变地位的低层次的阶层，有利于形成合理的社会阶层分布，促进社会的和谐发展。

第四节　马克思主义农民非农化理论

一、马克思的农民非农化思想

马克思和恩格斯是在揭示城乡分离、对立与融合的过程中阐述其农民非农化的思想的。城乡关系是马克思主义历史唯物主义原理阐述的重要内容，根据马克思和恩格斯的相关论述，城乡关系分离与融合的变化过程大体可分为三个阶段：第一，分离和对立的阶段。"一个民族内部的分工，首先引起工商业劳动同农业劳动的分离，从而也引起城乡的分离和城乡利益的对立。"在这个阶段上，一些人从农业中分离出来，到城市从事工商业劳动。第二，城市战胜农村，农村屈从与城市的阶段。在这一阶段，由于世界市场的初步形成，使得商品销售市场的空前扩大，这刺激了生产力的迅猛发展。大工业的发展使得工业城市的数目越来越多，规模越来越大，城市化的发展加速，"它（大工业）建立了现代的大工业城市——它们的出现如雨后春笋——来代替自然形成的城市。凡是它渗入的地方，它就破坏手工业和工业的一切旧阶段。它使城市最终战胜了乡村。"此后，大量的农村人口从农村迁徙到城市，农民市民化的过程也加快了速度，直到最后"城市已经表明了人口、生产工具、资本、享受和需求的集中这个事实；而在乡村则是完全相反的情况：隔绝和分散"。第三阶段，城乡融合阶段。在马克思看来，随着城市的发展壮大，城乡之间的对立加剧了，但是在这个过程中大工业的发展"使城市人口比农村人口大大增加了起来，因而使很大一部分居民脱离了农村生活的愚昧状态"。这实际上就为打破剥削社会旧的自发的使人片面化的社会分工和实现新的促进人的自由全面发展的自由分工奠定了基础。因为"分工和私有制是相等的表达方式，对同一件事情，一个是就活动而言，另一个是就活动的产品而言"，因而自发的分工下必然产生阶级和阶级对立，产生自发的分工自身的掘墓人——无产阶级，随着共产主义的实现和人类自由分工的实现，届时城乡关系也将由对立走向融合。农民的市民化过程也将自然终止。

马克思认为机器大工业的发展是农民非农化的根源。马克思从社会分工和生产力发展的角度研究了资本主义世界农民非农化的过程，指出机器大工业的发展一方面使得"目前自己耕种自己土地的大部分小农劳动变为多余……必须使他们就在农村中从事工业劳动"，农民与土地的关系因此逐步被割裂开来，另一方面又"产生了对人手的需要：工资提高了，因此工人成群结队地从农业地区涌入城市。人口以令人难以置信的速度增长起来，而且增加的差不多全是工人阶级"。因而"大工业在农业领域内所起的最革命的作用，是消灭旧社会的堡垒——'农民'，并代之以雇佣工人"。总之，工业化造成了城市工业人口的集聚和农村农业人口的减少的状况，是农村劳动力向城市非农产业转移的根本动力。

马克思、恩格斯在分析西方主要资本主义国家实现工业化的基础上，对农业剩余劳动力的转移做出了科学的预想。他们认为将城市工业迁往农村，以此实现乡村的工业化和非农化；或者在乡村中自发形成乡村经济的工业化和非农化，以此实现农村人口的城市化，这都是实现农业剩余劳动力转移的有效途径。马克思、恩格斯还指出，允许人口的自由迁移和全面流动是农业剩余劳动力转移的必要前提。

二、非农化的外在表征与人的全面发展

中国农民非农化问题既是一个重大的理论问题，又是一个重大的实践问题。

同时，它也既是一个重大的经济问题，又是一个重大的社会问题。农民非农化也不单单是引发一场农民就业革命，而是推动了并必将继续推动我国整个经济社会的深刻变化和巨大变迁。这表征为：第一，农民非农化首先引发农业内部的产业结构调整、升级与优化，进而带动农业内部就业结构的调整和优化。农民的就地非农化转移，优化了农民的收入结构，提高了工资收入的比重，促进了农民的兼业生产和持续的增产增收；第二，农民的跨地区转移推动了城市经济中产业的分化和重组，推动了城市产业结构的优化升级（如生产服务业的兴起和比重增加），进而推动了城市就业结构的调整和优化，增加了城市经济对各类劳动力就业的吸纳能力，促进了城市经济的大发展大繁荣；第三，农民的非农化就业把城乡经济融为一体，有利于缩短城乡差距、消除城乡分割和弥合城乡断裂，有利于城市第二、三产业与农村第二、三产业的对接，有利于以工哺农和以城带乡，有利于统筹城乡发展和统筹城乡就业；第四，农民的非农化转移减少了农业劳动力，大量剩余给提高农业劳动生产率带来的压力，推动着农业转变经济增长方式和农村转变发展方式，推动着农民由身份农民向专业化的职业农民转变，推动着农业的产业化和现代化进程；第五，农民的非农化转移加速了农村城镇化和城市现代化进程，以大城市为中心形成的城市群、城市带、城市圈能够发挥城市经济的积聚效应，把大中小城市连成一体，促进我国大中小城市协调发展，推进整个城市化进程；第六，聚集在各类城市周围的农民工形成城市中的第三元社会，加速了我国社会阶层结构的调整和优化，推动了农民市民化进程；第七，农民的流动和转移有力地促进了我国市场体系的发育和市场机制的日臻完善，推动了改革攻坚阶段的到来，有利于我国社会主义市场经济体制改革目标的提前完成。

人的需要实际上是人的本质的一种体现，人正是为了满足自己生存、享受和发展的需要，才进行物质社会生存活动。实现人的全面发展的根本条件是人的劳动能力的全面提高。人的全面发展是人自身发展的理想状态，人越是全面发展，社会的物质文化财富就创造得越多，人民的生活就越能得到改善，反过来，充足的物质文化条件又能推进人的全面发展。在建设中国特色社会主义事业时，既要着眼于满足人民的物质文化生活需要，同时又要着眼于促进人的全面发展。新生代农民工在当今急速转型的中国社会，扮演着不容忽视的角色，成为支撑中国经济发展的新一代产业工人。他们不像城里的孩子有着高学历的文凭和出身城市的优越感，他们辛苦就业，即使四处碰壁，也心甘情愿漂在城市。他们有野心、有梦想，而社会需要和期待的是具有真正技能水平的产业工人，技术工种在"呼唤"新生代农民工。因此，对新生代农民工进行职业教育培训，努力提升新生代农民工的综合素质是实现马克思主义关于人的全面发展的必然要求。

第七章　新生代农民工市民化的终身职业教育体系

第一节　终身职业教育的发展趋势和必要性

在推进以人为本的新型城镇化建设背景下，新生代农民工市民化过程不仅仅是简单的身份、户籍的变化，需要的是一个长期的、持续的、面向终身的职业教育环境，更需要一个终身职业教育体系来促成他们的内生性市民化。新生代农民工进入城镇后其技能水平、文化程度、职业素养决定了其在城市中的生活质量。新生代农民工即便掌握了基本的求生技能，转移到城镇后为当地的经济发展做出贡献，但经常会遭遇岗位变动、工作稳定性较差等情况，一旦其技能无法满足岗位变动需要就会面临失业。面对日新月异的经济形势和竞争激烈的职场，新生代农民工必须将职业教育培训视为"终身事业"，接受职业培训不能只为解就业的燃眉之急，而应遵循"就业—职业能力提升—择业—职业成长"的终身职业教育思路。终身职业教育是农村劳动力累积人力资本的"蓄水池"，他们必须充分挖掘职业成长的内生动力，提升自身的市民化能力。

一、终身职业教育的特征与属性

职业教育作为人力资本投资的重要手段，是提高新生代农民工素质、解决新生代农民工社会融合问题的重要途径，能够普遍提高新生代农民工的文化素质和职业技能，推进其融入城市生活。此外，新生代农民工在促进城市经济社会的繁荣和协调发展方面也起到重要推动作用，对我国加快城镇化、统筹城乡发展及构建社会主义和谐社会具有重大战略意义。提升新生代农民工的受教育水平需要加快构建城乡统筹的农民工终身职业教育体系，对转移就业的新生代农民工展开系统、开放、全面的终身教育，加快推动其向产业工人和市民转变。

终身职业教育核心就是强调教育和职业、工作及生活的关系，强调职业教育如何服务于人的终身发展，充分实现人的价值实现的同时，充分促进人力资源价值的实现。在现代职教体系逐渐完善的大背景下，对于"终身职业教育"的强调，是时代的需要，更是职业教育本身发展的需要。职业教育贯穿于人的职业发展全过程。终身教育的视野下，现代职业教育不再是单纯的特定阶段的技能型教育，它与人的生命和生活紧紧联系在一起，其最大价值正在于关注人的终身发展。终身职业教育趋势使职业教育从针对某些个体和个体的某些阶段，扩展到针对整个社会群体和人的一生。正如黄炎培先生所说，倡导职业教育是面向人人的教育，职业教育就是全人教育理念，它强调人的整体发展，强调个体的多样性，强调经验和个体之间的合作。职业教育不是终结教育而是关注人的终身发展的教育。着眼于职业教育与经济建设、社会发展的天然的、紧密的联系，就应把职业教育和培训融合在一起，淡化学历教育与岗位培训之间、普通教育与成人教育之间、全日制教育与非全日制教育之间的界限，使终身职业教育体系成为全面整合的教育体系。终身职业教育体系的基本特征有：一是在职业教育与培训的时间上，不局限于青少年时代或者基本在校内完成的职前培训。而应该伴随一个人职业生涯的全过程；二是）在空间上，既包括学校本位的职业教育与培训，也包括企业本位、社会本位与"合作教育"形态的职业教育与培训；三是在职业教育的目的上，它不把人禁锢在某一种特殊的、终生不变的职业上。它意在培养人们从事职业活动的能力，在各种专业中尽可能流动的能力，可持续发展、保持自我学习和培训欲望的能力，终身职业教育体系还应当具备开放性、整体性、整合性、公平性和弹性化、生活化。

终身职业教育是终身教育思想在职业教育中的体现，意味着在学校职业教育的过程中，学生需要接受旨在提升日后职业生涯中不断学习发展能力的教育，即在离开学校参加社会工作后，劳动者还需要接受职业教育以适应不断变化的就业环境。终身职业教育是在对现有职业教育不断反思的基础上提出来的，主要是加强教育、培训与劳动就业部门的协调与合作，加强职前教育与培训和在职教育与培训的密切合作，使职业教育贯穿人的一生，强调职业教育界和企业界的合作伙伴关系，努力创建一种适应学生和就业者需求和为终身技能培训打基础的终身职业教育和培训体系。这已经成为或正在成为世界各国普遍关注的议题。终身职业教育的要求就是将职业教育融入终身教育的体系中去，成为终身教育的一个有机组成部分，对所有人的生活世界和工作世界都有重要的作用，因此，终身职业教育具有以下属性：

（一）连续性

终身职业教育也称职业教育的"终身化"，其贯穿于劳动者的整个职业生涯，凸显了职业教育的连贯性。在构建学习型社会的时代背景下，终身职业教育的重要意义再次凸显。加强终身职业教育已成为构建学习型社会，强化终身学习教育理念的必然要求。终身职业教育首要目的在于促进学习者的全面发展，其次终身职业教育对经济发展的推动作用同样十分显著，终身职业教育对人力资本的不断积累和效能提升也发挥着较为长久的作用。

（二）整体性

终身职业教育强调与其他教育形式的统合，促进人的全面发展是终身职业教育和其他教育形式共同的目标。通过接受职业教育，学习者可以获得提升自身技能水平的专业能力。随着终身教育"立交桥"的搭建以及"学分银行"的探索实践，不同层次以及不同教育形式间的纵向衔接更加紧密，横向沟通更加频繁。相比于传统教育方式而言，终身职业教育体系强调的是不同职业教育阶段和层次间的协调统一，学历职业教育和非学历职业教育与普通教育之间的融合互转。终身教育体系中的不同教育类型逐渐成为一个相互联系的整体，作为终身教育的重要实现形式，终身职业教育同样体现出了整体性这一特征。

（三）灵活性

终身职业教育打破了传统教育体系的限制，着眼于满足个性化需求。在学习方式上，学习者可以采取线上线下相结合的方式，既可以通过函授、培训等线下方式，也可以选择网络课堂、慕课等在线方式。在学习内容上，学习者可以根据自身的需求选择课程。在学习时间上，学习者可以依据自身需求灵活安排，既可以利用节假日、周末等业余时间，也可以在工作时间参与单位或学校统一举办的技能培训。在学业认证方式上，随着学分银行的成立，学分积累和转换更加便捷，学习成果互认衔接更加灵活。此外，在专业设置以及人才培养方面，终身职业教育可以依据社会发展的需要灵活设置专业，进行人才培养。终身职业教育的灵活性逐步得到发挥。

（四）开放性

终身职业教育面向全体社会劳动者，强调职业教育资源的优化配置和社会共享。不同于普通教育各层次对年龄、学历等的限制，终身职业教育对接受对象的基本条件没有明确要求，只要有相应的接受职业教育的意愿和需求都可以接受终身职业教育，这体现出终身职业教育受教育对象的开放性。终身职业教育的开放性同样体现在职业教育的办学理念和人才培养观念上，职业教育旨在培养服务于社会建设，具备高等技术的应用性专门人才。此外，终身职业教育的开放性也体现在职业教育的办学主体和专业设置上，政府、企业、社区和知名人士都可以成为终身职业教育的办学主体，专业设置是职业教育良好发展的基础，职业教育在专业设置时需要更多地考虑社会环境的发展变化。综上而言，开放性不仅是终身职业教育的重要特征，达成开放性同样是终身职业教育的必由之路。

（五）动态性

终身职业教育的动态性主要体现在两个方面：主动适应人力市场的动态变化，满足社会发展的动态需求；主动适应不同地区的发展要求，满足地区发展的动态需求。主动适应劳动者需求的动态变化，满足个体发展的动态需求。依据马斯洛的需求层次理论，人的需求不是一成不变而是动态变化的，当满足了其中一种需求时，人们常常会追求更高层次的需求。一般来说，地方引进人才大多追求的是自我实现的需求，其自身的能力已经基本满足生理需求、安全需求等基本需求，终身职业教育为引进人才的自我实现注入了一定的动力，通过不断接受技能培训，不断接受职业教育，引进人才可以不断进行自我完善，以实现自我发展。

（六）实践性

技能人才参与终身职业教育的最终目的是完善自身技能，增强自身素质，为社会创造更大的财富。终身职业教育意在培育劳动者的核心专长，使劳动者具备成为高层次人才、拔尖创新人才的必备技能。在"工业4.0"以及"中国制造2025"的时代背景下，终身职业教育开始注重培养劳动者的知识创新能力和快速反应能力，以促进高级技能人才在实践中创新，在创新中成长。终身职业教育作为一种实践性的教育，其教育特点和教育形式也决定了终身职业教育贵在实践，因此，实践性是终身职业教育的重要特征。

二、终身职业教育发展趋势

终身职业教育体系是指为满足"覆盖全体劳动者、贯穿劳动者学习工作终身、适应就业创业和人才成长需要"，实现职业教育服务人的生存发展和经济社会发展的职能，而构建起的以"以人为本、终身学习"的教育理念为指导，从中等、专科、本科到研究生层次的职业教育学制有机贯通，职业学历教育和职业培训并重并举、全日制和非全日制学习形式相互补充的体系。完善职业教育与培训体系是现代职教体系建设的重要任务，构建本体系则是新时期加速推进现代职教体系建设的着力点。

（一）现代职业教育体系势必走向终身化职业教育体系

无论是国际社会，还是国际组织，都已将职业教育置于终身教育之下，用终身教育思想来统领、提升职业教育，并在职业教育的改革与发展中体现终身教育精神。美国的STC（School to Career），指学校到工作生涯的过渡的核心内涵之一就是终身职业教育。国家正积极倡导在职业教育中全面贯彻并充分体现终身教育思想、终身学习精神，在终身教育、终身学习的框架下来理解现代职业教育，准确把握它的特征，进而构建有中国特色的现代职业教育体系。完善现代职业教育体系，按照终身教育理念要求，可以概况表述为"纵向贯通、横向融通、全面整合"。所谓"纵向贯通",是指职业教育作为一种教育类型,应该"以职业为导向",应该具备相对独立的、完整的体系。随着市场对技能人才的需求层次逐渐上移,学生上升的通道也将逐渐打通,最终形成中职、高职高专、应用技术本科、工程硕士博士贯通培养的职业教育体系。同时,初等职业教育或职业认知与陶冶教育,应该成为现代职业教育体系构建的重要内容。所谓"横向融通",是指职业教育与普通教育并行交融,而且受教育者根据自己的发展需要,在普通教育和职业教育间选择转换。这样职业教育系统才能打破原有的封闭系统,吸引更为优质的生源,也实现受教育者的阶层跃升,逐渐提升职业教育的社会吸引力和影响力。所谓"全面整合",是指职业教育应该关注人的终身可持续发展,应该与继续教育相融合,应该与经济社会发展与民生需求紧密关联,应该与职业培训相结合,形成全面整合终身化的职业教育体系。

(二)终身职业教育实施势必需要完善外部现代劳动力市场职业体系

根据社会经济快速发展的需要,职业指导和服务要面向社会所有成员,并服务于每一个人职业生涯的始终。终身职业教育的落实,不仅需要现代职业教育体系的内部构建,还需要现代劳动力市场职业体系的外部构建,体现其跨界性和开放性。逐步规范劳动力资格准入。为使职业指导和服务机制能够有效运行,必须建立完善的劳动力市场信息网络,使个人的职业选择、职业教育机构的办学和劳动力市场的需求协调一致。与劳动力职业体系的有效对接,是现代职业教育体系构建的应有之义。职业教育的发展,是基于劳动力市场职业岗位的发展。劳动力市场作为职业教育培养对象的出口,其用人体系的规范化程度,直接影响招生与培养的规范化与质量。因此,要逐步规范劳动力准入与退出制度,规范职业资格制度,为职业教育有序发展提供健康空间。更加密切劳动力市场联系。当前,职业教育体系与劳动力市场职业体系间的沟通与交流还远远不够,亟待进一步规范和加强。加强对劳动力市场及职业发展的科学研究力度与信息共享力度。设立或责成相应机构,对行业产业未来发展及其人才需求进行专业、系统的预测,并做到及时、有效的通报,对职业教育开设的专业门类和人才培养层次进行必要的科学引导，避免盲目追逐市场导致的教育资源的损耗与浪费。

（三）终身职业教育发展势必加强统筹职业教育机构能力建设

终身教育克服了传统教育囿于阶段性教育发展观的理念偏颇，坚持了可持续发展的理论，应了知识经济创新的要求，展现出系统化、持续化、终身化的特质。终身职业教育既强调职业教育与培训必须贯穿人的一生，也强调把职业教育培训扩展到社会生活的各个方面和领域。在终身职业教育体系的环境下，不仅学校是学习的场所，而且每一个社会组织都应该是学习的场所。所以终身职业教育体系构建需要教育共同体，迫切需要政府、企业和社会组织尽可能地分担职业教育的成本。为了发展终身职业教育，国家在机构能力建设方面还要处理好决策者（政府）、管理者（教育行政和劳动就业部门）和职业教育提供者（学校和培训机构）的关系；处理好政府机关、企业、业主、工人和职业教育提供者之间的关系；处理好起始职业教育和继续职业教育的关系；打破职业教育和普通教育之间的壁垒，缩小中等教育阶段普通教育与职业教育的差别，加强普通教育和职业教育的沟通、融合，在普通教育中强化职业意识和劳动观的教育，在职业教育中强化知识和能力的教育"全民教育"概念的基础上提出的，也是终身职业教育"为所有人提供职业教育与培训"宗旨的体现。通过开展全民职业教育，人们可以获得消除贫困、提高生活质量所必需的基本知识和技能，有助于提高人们自我谋职和改变现状的能力，有助于整个国家的繁荣与进步。

三、存在问题

从当前的技能培训和终身职业教育体系的视角分析，存在以下不足：

（一）职业教育"二元管理体制"及资源配置的分割

职业技能培训是帮助农村转移人口提升人力资本、提高就业创业能力、实现有质量就业、促进社会融合的有效手段。进入21世纪以来，政府对农民工职业技能培训非常重视，很多政府部门都承担农民工职业技能培训任务，但多头管理、统筹力度不够的问题比较突出，各部门教育资源相互之间不整合、不融通。民办培训机构和企业由于缺乏明确的制度规范和激励机制，对农民工培训参与不足。

一直以来，我国职业教育与培训领域呈现出主次劳动力市场与城乡劳动力市场的"二元分割"特性。这种"二元分割"的出现与户籍制度、土地制度等的二元分割机制有着密切联系，在职业教育发展过程中则突出表现在教育部门与人社部门的二元管理体制以及由此衍生出的政（证）出多门的乱象。改革开放以来，这种二元管理体制在维护劳动力市场秩序、优化调整劳动力供需平衡上曾起到了重要作用，但这一时代的产物却无法匹配当前自由劳动力市场不断成熟的现状。在二元管理体制的阻碍下，职业教育资源无法得到有效整合，资源浪费、低效现象频现，严重制约职业教育发展质量及其权威性。

（二）运行机制不够完善

中央政府和地方政府非常重视提升新生代农民工技能水平。由于终身职业能力开发体系涉及政府、企业、高校和社会等多方面因素，经济高质量发展和产业升级转型给劳动力供给提出了更高要求，现阶段的劳动力培训覆盖面、针对性还未能满足持续不断地提供高素质技能人才的需求。从根源上看，这与社会化培训机制尚不完善有一定联系。企业由于缺少政策激励和法律保障，未能按照需求开展员工职业技能培训。另外，目前许多教育主体如民办职业院校、社区教育组织等还未纳入终身职业能力开发体系的培训主体。职业教育办学涉及多元利益主体，必须要立足于企业、政府、学校等利益诉求，在一定的行动框架之下通过制定相关激励机制鼓励各方参与办学全过程。这样即有利于提升职业教育办学质量，也能够为职业教育增添可持续发展动力。但是就目前的情况而言，我国多元主体参与职业教育办学的现状并不乐观，突出表现在两点：一是行业、企业等市场主体的办学角色被高度异化，在发挥市场在资源配置中的决定性作用的大背景之下，由于政策瓶颈突破的迟滞与思想观念的长期固化，行业企业仍然无法实现其在职业教育办学进程中的"地位合法化"。二是多元主体利益分配与风险分担机制仍未建立。行业企业与学校在参与职业教育办学时的长期利益基本一致，即为社会、企业输送合格的岗位人才，但是在短期利益上，二者之间的利益点却时常错位。这种错位是由二者的机构性质、目的与所占有资源的性质所决定的。尤其是当学生作为二者共同的服务对家与合作焦点时，这种利益的分配与风险的分担更显得不可预测。所以当利益分配与风险分担机制不健全时，多元主体参与职业教育办学的积极性自然也就不会高涨和持续。实践证明，没有企业参与的职业教育是无源之水、无本之木。因此，对于终身职业教育而言，企业的参与程度对其有很大影响。获得高素质的企业员工，也是企业参与终身职业教育的不竭动力。另外，企业作为人才培养的实践基地，需要承担一定的社会责任。企业要积极参与到终身职业教育的进程中，加大与职业院校的交流合作，双方互帮互助、共同发展。

职业教育在社会培训领域出现了短板，除了自身专业服务能力有限之外，同社会企业、成人教育学校缺乏紧密的衔接机制，而企业培训资源掌握在劳动部门，与教育部门的管理、服务相脱离，两者之间缺乏有效的沟通机制，这更直接加剧了企业同职业院校之间割裂状态，加大了学习者职后发展的风险。从职业院校角度上看，社会培训也没有将培训企业、行业的需求信息进行充分融合改进，培训过后并不能解决工作中存在的困惑及问题，久而久之丧失了在社会中的信度，严重影响了职业教育终身化效果。在职后培训监管方面，缺乏统一的协调管理机制，市场经济效益成了培训活动的主要目的，颁发的证书并不等同于培训效果，过程监管与跟踪评价机制的缺失也反映了职业教育与社会培训之间没有建立紧密的合作关系。

（三）保障机制不够全面

接受教育是公民的基本权利，任何权利只有通过具有强制性的法律形式才能确立。1996年颁布的《中华人民共和国职业教育法》的有关条款已不能适应现代社会经济发展的需要，法律中有关终身教育的内容也很少。经费投入是新生代农民工职业能力提升的重要保障。2006—2013年，全国职业教育经费总投入由1141亿元增加到3450亿元，年均增长17.1%，财政性职业教育经费从525亿元增加到2543亿元，年均增长25.3%，占职业教育总投入的比例从46%提高到74%。政府和有关方面加大了投入，但仍不能满足加快发展职业技术教育的需求。此外，在政府的各项财政支出中，新生代农民工培训经费作为临时性的支出，使得政府用在新生代农民工培训的财政经费缺乏计划性。而且大部分企业并不愿意实施对于农民工的技能培训，造成的结果是新生代农民工个体对技能培训的负担过高。究其原因，主要是资金分配在各个部门，各自为政，导致培训难以形成合力，农民工职业教育培训的覆盖面不广泛。

（四）激励机制不够有效

近年来，各级地方政府对农民工职业能力提升的宣传力度很大，取得了一定的成效，但在农民工培训激励政策上还不到位，缺乏对于新生代农民工的终身职业能力培训的有效激励，导致农民工参与的积极性不高。政府补贴性培训多为初级技能培训，有的培训内容与企业、农民工职业成长需求脱节。此外，现有的职业技能培训体系缺乏对于企业的有效激励。一是与培训市场的发展水平有关。国内企业的培训体系状况与企业面临的发展需求不符，培训只注重形式，实践效果差。培训的内容缺乏很强的实用性和针对性。二是与企业的认识有关。有关部门未能像缴纳"五险一金"一样，强制将职工技能培训纳入检查监管体系。

（五）支撑职业教育发展的舆论环境建设相对落后

近年来社会对职业教育的认可度正在逐渐提升。这得益于政府层面的高度重视，更得益于职业教育办学主体的不懈努力。正是在职业教育管理者、教师、科研工作者等诸多群体的共同参与和努力下，职业教育的办学质量才有了质的飞跃。但是就舆论环境而言，职业教育尚未获得一个健康、有效且可持续的舆论场。主要表现在以下几点：一是舆论对职业教育的偏见尚未扭转。尽管近些年受政策导向的影响，媒体报道与舆论基调在数量和导向上均有改善，但是从社会整体来看，对职业教育的错误认识与偏见仍是舆论场的主体；二是职业教育自身没有形成有效的对外传播的舆论力量，尤其是在公共教育资源的争取等方面缺少重要的发声渠道；三是支撑职业教育发展的舆论体系尚未建立，与基础教育、高等教育等教育类型庞大健全且多元的舆论体系相比，职业教育始终无法将各种舆论力量进行有效整合，自然也就无法形成舆论影响的持续性和系统性。

四、终身职业教育体系构建的必要性

（一）促进人的可持续发展的需要

新型城镇化背景下农民工市民化发展的终极目标是实现个人的可持续发展，即不断提高自身素质，以更好地面对日趋激烈的生存竞争，实现自我价值，在工作和生活上不断迈上新台阶。要实现农民工个人的可持续发展，需要持续不断地进行职业教育投入。如果不尽快建立起农村转移劳动力终身职业教育体系，随着现代科学技术的全面飞速发展，转移劳动力会难以赶上时代的进步，难以适应日新月异的社会发展，甚至于被社会淘汰，结果既谈不上个人的全面发展、个人自我价值的实现，也不会对社会做出真正的贡献，相反有可能对社会造成危害。终身职业教育一直关注着人的发展，其保障机制的构建对农民工个人而言十分重要，因为它不仅能让农民工获得一技之长、获得一份职业，还能协调个人自身发展与不同阶段职业变化之间的关系，为农民工个人的可持续发展创造条件。

（二）知识更新的需要

一般来说，国民经济的行业结构、产业结构和技术结构相应地决定着教育的类型结构、专业结构和层次结构，教育能否更好地为经济建设服务，关键在于培养的人的数量和质量。在新生代农民工人力资源开发过程中，职业教育应该具有预见性和未来性，能够对以后的产业发展和市场变化进行预测，并以此对新生代农民工开展面向未来行业层次结构、类型结构和专业结构的培训，从而主动地为引导产业机构的不断提升和国民整体素质的不断提高奠定最重要的人力资源基础。即"以明天的技术，培养今天的学员，为未来服务"。

新生代农民工面临的是一个科技发展一日千里的技术环境。当今生产服务过程中的科学化、智能化程度不断提高，社会对于人才的要求也不断提高。一方面，随着科技发展和社会需求的细化，一些新的职业岗位开始涌现。在近年来人力资源和社会保障部颁布的各批次《新职业名录》中，诸如废热余压利用系统操作工、调味品品评师、煤气变压吸附制氢工和混凝土泵工等新职业开始不断涌现。另一方面，为适应现代化生产服务的需要，原来传统的职业岗位也不断地进行着整合

和分化。其中，整合是指原有的不同类别的工作岗位在纵向或者是横向一体化理念下工作范围和工作责任的扩大，如数控机床和电子技术岗位一体化所形成的操作和编程等技术合成的复合岗位；分化则是传统岗位在技术化浪潮和社会分工细化背景下的岗位专业化。新型化、高度整合化和专业化的岗位发展趋势显然对劳动者的技术素质提出了更高的要求。从教育培训内容上看，传统意义上的劳动力转移就业培训以传统建筑、制造、服务业基层岗位为主，仅能满足基本就业需要，难以跟上技术变革和岗位工作内容革新的步伐，仅能满足基本就业需要，难以满足岗位技术发展需求；从培训时间上看，传统意义上的劳动力转移就业培训以短期性培训为主，以实用性为导向，虽可满足转移就业的即时性之需，但是由于培训时间受限而不能胜任高强度职业培训的需要。因此，只有通过持续性的职业教育投入，才能使新生代农民工在市民化进程中紧跟新型岗位技能知识节奏，真正融入新型市民化职业环境中。

（三）职业学习能力提升的需要

人力资本是体现在人身上的健康、技能和生产知识的存量。人力资本投资是形成人力资本的主要因素，教育投资是人力资本投资的主要内容。教育投资可以提高个体人力资本的存量，一方面，个体通过接受教育，不仅可以丰富自己的知识结构，还能提高自己的专业和职业技能，进而增强就业能力。另一方面，个体通过接受教育，有助于树立符合社会主流价值取向的意识观念，提高其职业道德修养，进而提升其职业价值。新生代农民工从农村来到城市，必须具有一定的人力资本积累才能适应城市生活，而职业教育在其人力资本的提高上起着重要作用。

现有的农村劳动力转移职业教育培训主要针对某一特定职业岗位展开技能培训，强调对于操作应用技能的迅速导入，尤其一些订单班的教育培训内容强调即学即用，效用导向明显。但是，现有培训框架在重视技能培训的同时却忽略了对于学习能力和学习素养的培养，这导致新生代农民工只能依赖现有技能，依托于现有行业，岗位适应面窄，知识技能单一，缺乏提升和发展的持续动力。早期的职业技能导入在增强职业黏着度的同时无意中却降低了劳动力未来职业再迁移的可能性，这无疑也影响到转移劳动力的市民化成长。一旦转移劳动力失去现有工作或者行业整体效益下滑，将会大大降低市民化过程中的生活质量，如果长期无法就业甚至会触发职业迁移的"逆城镇化"。在市民化进程中，新生代农民工的职业转换频率将会加快，这与传统农业生产环境中相对稳定的职业环境大相径庭。为了适应一定频度和强度的职业转化，劳动者必须具备一定的再学习能力，这一能力是帮助新生代农民工增强在市民化生活中职业新常态的一种必要能力。根据经典教育学理论，学习能力的获取是一个长期的过程，需要通过持久、连续的教育和学习投入来实现，这也决定了新生代农民工在市民化进程中的学习将伴随终生。

（四）市民化职业成长的需要

新型城镇化进程中的新生代农民工不仅仅有基本的就业需要，还有市民化职业成长的需求。然而，现有的农民工教育培训体系主要围绕制造业、建筑业和服务业的一线岗位进行培训项目设计。这类培训以解决转移劳动力的现实就业问题为导向，在设计方面并未过多考虑其后续职业成长需要。从短期看，现有机制对促进农村劳动力转移就业具有一定的推动作用，但是从长期看，这一机制亟待进行更加完备的设计和筹划。从理论上看，新生代农民工的职业成长应该与市民化成长同步并行，即新生代农民工的职业成长是其市民化成长的重要组成部分，新生代农民工通过持续的职业成长来推动市民化成长。作为一项系统工程，新生代农民工的市民化必须全面进行系统统筹。如果在制度设计上忽略了职业成长这一关键环节，那么转移劳动力的市民化目标就缺乏现实支撑，市民化目标就难以达成。在促进职业成长上，德、美等西方国家无一例外地通过持续的职业教育投入即终身职业教育来推动劳动力的长期职业成长，终身职业教育在劳动力的长期职业成长上发挥了重大作用。由此可见，"终身职业教育—职业成长—市民化成长"是一条路径清晰的市民化成长设计路线。

（五）市民化生活质量提升的需要

如果将市民化看作是新生代农民工的成长目标，那么市民化的前提首先是职业转移，然后是职业稳定，而后是职业发展和提升；如果将市民化作为一个渐进的过程，新生代农民工的职业成长与市民化成长是一个同步的过程，新生代农民工需要通过职业成长来推动自身的市民化，长期低收入、低层次的职业环境对于市民化是极度不利的。尽管学术界对于新生代农民工市民化存在结果论和过程论之争，但是其在职业能力持续提升路径方面是殊途同归的，即要通过持续不断的乃至终身化的教育来推动。目前我国新生代农民工普遍收入低、条件差、发展空间小，这与新生代农民工从业岗位多为基层岗位，同时文化素质和职业素质偏低不无关系。因此，在实现新生代农民工就业的基础上，要通过持续的职业教育满足已转移劳动力的市民化生活质量提升的需要。

（六）创业能力的需要

为提高城市化水平，教育培训在培养新生代农民工必需行业技能的同时，还要有针对性地对其进行创业教育，提高其创业能力和创业精神，培养其创业品质和创业素质。作为投入少、收效大的一种最经济的人力资源开发方式，创业教育培训的结果不仅仅是使新生代农民工的就业问题得以解决，更能通过他们创办新企业提供就业岗位，扩大就业机会，进而形成"开发——就业"的良性循环机制。这种双重的就业扩大效应，对丁缓解我国劳动力市场的就业压力，适应产业结构调整的需求，尤其具有重要意义。所以，应该充分了解新生代农民工中有创业意愿和需求的群体和个人，给予他们最优惠的创业培训条件（如免费或最低收费等），通过培训满足他们的创业需求，提升他们的创业能力。创业培训要突出新生代农民工的整体能力，包括创业意识、经验、判断能力、管理知识及能力和某些基本技能等，强化对他们的个性化指导，重在对他们进行创业扶持。培训过程通常包括基础培训和后续培训两个阶段。在基础培训阶段，主要通过聘请有关教师和工商管理方面的人员，对新生代农民工的创业观念、企业创办实务、企业管理、商务活动、市场营销、经济法规、工商税务等手续办理及创业发展规划等基础知识和创业实务进行培训，培训方法为课堂讲授、讨论、案例分析和考察等种类。

在后续扶持阶段，主要是对新生代农民工的创业计划、创业的可行性报告进行评价，提供创业问题咨询，进行创业指导，帮助办理好有关企业登记手续，落实创业优惠政策，并对企业进行资金扶持，对创业后的情况进行跟踪服务。如通过财政部门的支持，再就业基金，失业保险基金中的职业培训补贴和社会各界的支持与赞助等方式多渠道筹措资金，在工商税收方面实行优惠、行政事业性方面减免收费、实行小额贷款等。

第二节 终身职业教育体系的构建与运行

新型城镇化进程中的新生代农民工市民化过程既是农村转移劳动力逐渐适应城市化、融入城市化的过程，也是逐渐实现职业成长和职业提升的过程。在这一过程中，新生代农民工在不同职业时期的职业培训需求会有所差异，新生代农民工的职业教育终身化也暗含农村转移劳动力职业教育长期化、连续化以及各阶段差异化之意。从广义看，新生代农民工市民化进程中终身职业教育体系是促进新生代农民工市民化成长的终身职业教育的总和，从范围上包括从转移前职业启蒙教育、转移过程中的职业准备教育以及转移后的职业继续教育三个连续的职业教育阶段。从狭义上看，新生代农民工终身职业教育体系特指新生代农民工转移中以及转移后接受的职业教育，是农民工转移培训的职业准备教育阶段以及后续市民化阶段一系列职业继续教育的总和。

一、新生代农民工终身教育体系定位的价值取向

（一）定位的重要性

"新生代农民工教育与培训目标"因其教育对象指向明确，只针对从农村转移到城市、从农业生产领域转移到非农产业工作的劳动人群，所以从教育目的层次结构来看属于第二层次的培养目标，即新生代农民工教育与培训目标就是新生代农民工的培养目标。所谓"定位"即确定位置。"新生代农民工教育与培训定位"则是指在我国教育目的指引下，根据新生代农民工的身心发展需要和社会发展需

要，确定教育与培训要培养新生代农民工成为什么样的人。新生代农民工教育与培训目标的科学定位是有效开展教育与培训的前提和基础，明确了"把新生代农民工培养成什么的样人"的问题，对进一步分析如何有效开展教育与培训活动，选择和组织教育与培训内容，选取教育与培训的方式和方法，实现既定目标有着十分重要的意义。

首先，新生代农民工教育与培训的科学定位，对教育与培训活动的开展具有定向作用。新生代农民工教育与培训目标对教育与培训的实施以明确指向，使整个教育与培训活动都能在目标的指引下进行。一方面教育者能够在目标指引下组织、调整和完善自身的教育与培训活动，使达到预期目标和培养规格成为教育活动的终点；另一方面受教育者能够在目标指引下明确自身前进的方向，新生代农民工一旦明确自己的培养预期和规格要求，会自觉朝着目标的达成方向而努力，把目标的实现变成自己前进的动力。

其次，新生代农民工教育与培训目标的科学定位对于教育与培训内容、方法和手段的选择具有指导作用。教育与培训内容源于人类文化，而人类文化成果的多元性和广博性决定了教育与培训内容可选择的范围很大，有了明确的教育与培训目标定位，教育与培训内容的选择才有了依据。只有那些符合新生代农民工生存与发展需要，并与我国城市化、现代化发展需要相一致的教育与培训内容，才能够被纳入新生代农民工教育与培训的内容之中，而那些不利于个人与社会发展的内容则被排斥于教育与培训内容体系之外。有了科学的教育与培训目标定位，选择了适合新生代农民工与社会发展需要的教育与培训内容，就可以在二者的基础上选择适合于受教育者自身状况、服务于目标定位、符合教育内容特点的教育与培训方法与手段，使教育与培训的方法和手段能够真正促进新生代农民工文化水平的提高、工作技能的掌握、城市适应性的增强，实现其市民化、现代化的发展。

再次，新生代农民工教育与培训目标的科学定位对于教育与培训活动开展的结果具有评价作用。教育与培训目标的定位规定了新生代农民工的预期规格和发展方向，对于整个教育与培训活动的开展具有定向作用，整个教育与培训过程都要围绕这一目标选择内容、方法、手段，并不断修正工作的开展方向和具体举措。在新生代农民工教育与培训实施后，可以参照教育与培训目标定位对教育与培训的结果加以评估，倘若没有达到目标预期的结果，就必须对教育与培训的内容和方式、方法进行反思与调整，只有达到目标定位的新生代农民工教育与培训活动，其具体实施举措才是有效的。

(二) 定位的价值取向

1. 终极性目标和发展性目标。从要求的特点来看，教育与培训目标可以分为终极性目标和发展性目标。新生代农民工教育与培训目标的定位是对新生代农民工教育与培训活动应达到的终极性状态和结果的规定与判断，即新生代农民工教育与培训的终极性目标取向。从终极性目标和发展性目标的关系来看，终极性教育与培训目标具有发展的终结性，对各阶段教育与培训活动的影响是宏观的，具有总的指导性和发展的指向性。终极性目标是发展性目标的根本性依据，是确立发展性目标的指导思想。发展性目标是实现终极性目标的必经之路和具体策略，是终极性目标的具体体现。发展性目标虽然不可或缺，但只是教育与培训在某一阶段要达成的目标，不具有宏观指导性。

目前我国新生代农民工教育与培训存在的一个重要问题就是将阶段性目标作为整体发展指向，用阶段性目标代替终极性目标，忽视了终极性目标的确定与具体化。如果把新生代农民工教育与培训的目标仅定位在阶段性发展高度的话，那么将无法解决超越这一阶段后出现的各种问题。例如，如果把新生代农民工教育与培训的目标仅定位或停滞于解决转移人口在城市的就业这一高度，那么教育与培训将只能解决他们从"农民"向"农民工"的转变，以及从农村向城市转移初始阶段遇到的问题。对于超越个体就业之上的可持续发展、全面适应问题，教育与培训将无所适从，这必将阻碍新生代农民工群体的后续发展，影响农村劳动力转移的整体进程。另外，对于不同个体而言，由于转移状态和素质结构参差不齐，部分人员已经开始从"农民工"向"市民"转变，如果我们仍然把教育与培训目标仅停留在实现转移劳动力就业这一初级层面，那么必将使教育与培训落后于转移劳动力发展的需要。为了满足新生代农民工个体、群体发展的需要，促进社会发展，我们必须对新生代农民工教育与培训目标进行反思与建构。当然，任何事物都处于动态发展的过程中，没有完全确定的终极性，教育与培训目标定位的终极性高度，也不过是相对性的确定而已。

2. 人本位与社会本位的价值取向。确定教育与培训目标定位的时候，人们总会从自身的利益和需要出发，在选择、确立与取舍的过程中体现出人们不同的价值追求。人本位的价值取向把人的价值看作高于社会价值，把人作为教育目的和目标的根本。社会本位的价值取向与人本位价值取向正好相反，它把满足社会需要视为教育的根本价值，认为社会是人们赖以生存发展的基础，教育是培养人的社会活动，教育培养的效果只能以其社会功能的好坏加以衡量，离开社会需要，教育就不能满足社会的需求。两种价值取向都能够为新生代农民工教育与培训目标的科学定位提供一定启示，但绝对不能以其来简单代替教育与培训目标的定位依据，因为这两种主张都有一定的局限性。人与社会是密切联系不可分割的两个不同方面，教育与培训的目标定位既要考虑人的发展，同时也要考虑社会的发展。

在教育与培训目标的定位方面，无论是国家整体教育的发展定位，还是具体到新生代农民工教育与培训目标的定位，在价值取向方面，都要把满足人的需要和社会的需要联系在一起，把重视人的价值和重视社会的价值结合起来，把人与社会发展的相互依赖性、互动性、互利性作为教育与培训目标定位的根本价值取向，既要促进个人的发展，又要利于社会的发展，使人的培养与社会需要相联系。无论教育与培训是满足社会需要还是人的需要，价值实现的着眼点必须都落在人的发展上，没有人的发展，教育的社会价值也难以实现。新生代农民工教育与培训目标的定位，既要考虑到新生代农民工的需要，也要考虑到社会发展的需要，把促进农村劳动力发展实现其有序转移作为实现人与社会发展双赢目标的基础，把人发展的方向、教育与培训目标的指向和人与社会的关系联系在一起。只有把人与社会紧密联系在一起的教育与培训目标定位，才能真正符合新生代农民工个体和群体的需要，促进其顺利转移和不断发展，才能适应我国社会发展的需要，推进我国城市化、现代化的发展。

（三） 定位的两个层次

1. 实现新生代农民工的市民化。"市民"是指在城市地区，在社会身份上根据户籍制度被划为城市户口，而在职业身份上没有明确限定的劳动者。由于目前户籍制度对其社会身份的限制性依然存在，因此对于农民而言，不论其目前工作领域是否处于第一产业，都脱不掉"农民"头衔，即使进入城市从事非农产业的生产，依然被称为"农民工"或"民工"。相反，对于市民而言，无论其在城市进行生产、经营或到农村从事农业生产活动，只要其具有了户籍制度所赋予的市民身份，他们就始终具有市民的社会身份，享有市民权利，其中既包括经济权利，也包括政治权利。理想型的农民和理想型的市民是一个连续发展过程的两个端点，从农民走向市民是一个连续不断的发展进程，更是一种具体意义上的社会进步和社会发展必然。

农村劳动力的转移不仅意味着生活和工作地域的变化，而且将带来生产和生活方式的深刻变革。新生代农民工不仅要在知识和技能上满足城市工作和生活的需要，而且要在观念和行为方式上发生转变，实现市民化。市民化既是一个过程，又是一种结果。从结果来看，实现新生代农民工的市民化一方面要通过各种制度和政策的完善，消除城乡二元分割的状态，实现作为一种职业的"农民"（Farmer或 Cultivator）和作为一种社会身份的"农民"（Peasant）向"市民"（Citizen）转变，从而实现其职业身份与社会身份的统一；另一方面要使广大新生代农民工能够接受现代城市文明的各种因子，实现个人知识、技能、观念、生产与生活方式的转变与提升。"发展出相应的能力（capability），学习并获得市民的基本资格、适应城市并具备一个城市市民基本素质"，"利用自身的市民权利，完全融入城市"。具体而言，新生代农民工的市民化有两项基本内容：一是实现新生代农民工身份和角色的转型，实现从农民向市民的转变。二是在实现身份和角色转变的同时，通过外部"赋能"与自身"增能"适应城市，成为合格的新市民。我国农村劳动力在城市化发展的进程中实现了非农化，但无论是城市化还是非农化，农民在本质上都进行着市民化。"城市化为新生代农民工提供了市民化的外部环境"，"在非农化的过程中，农民与现代城市因子相遇，已经开始在为全面的市民化作准备"。无论是农村劳动力的城市化，还是他们的非农化，都是发展的一种表现形式，市民化才是发展的本质和终极目标。因此，新生代农民工教育与培训目标应定位于实现转移人口的市民化发展。

2. 实现新生代农民工的现代化。劳动力从农村向城市的转移不仅意味着他们要在流入地获得市民身份，具备市民素质，成为城市平等的一员，从人与社会发展的更高层面来看，新生代农民工从相对传统的农村社会转移到现代城市社会，还意味着他们要与城市人口一起面对社会现代化发展的挑战，必须实现从传统人向现代人的转变，实现市民化基础上人的现代化发展。人作为社会有机体的基本单位和社会现代化的承载者，必须随着社会的发展实现现代化，这既是社会发展对人的需求，也是人类进化的必然性使然，更是促进人类社会前进的巨大动力。人的现代化既是一个过程，也是一种结果。过程现代化以人的转变、人的发展为线索，强调人的传统性向人的现代性转变，这种转变过程是人的现代化实现过程和人的发展过程。同时，人的现代化也是一种结果，即实现人的素质全面现代化，达成与现代社会相联系的人的素质的普遍提高和全面发展，一方面要使与现代社会和现代化发展相适应的各种知识、能力、观念的全面提高与发展，实现人的全面发展；另一方面要在实现人生存素质现代化的同时，实现人发展素质的现代化。生存素质现代化可以表现为新生代农民工在现代社会条件下，知识、能力和观念的适应性与现代社会条件的协调性。发展素质现代化可以表现为新生代农民工在开放、市场体制和科学技术迅速发展的条件下，知识体系、能力结构、观念意识的超越性，即能够伴随并推动现代社会的发展。

对于新生代农民工而言，他们从较为封闭和传统的农村社会进入更加开放和现代的城市社会，必然要在转移过程中面临来自工作与生活多方面的挑战，他们不仅要面对自身素质与市民社会需要之间的差距问题，而且要与城市人口一起面临社会现代化发展给每个身在其中的人所带来的挑战。对于广大新生代农民工而言，他们不仅要通过教育与培训使自身素质在文化知识、工作技能、生活观念等多方面尽快适应现有城市发展的需要，实现其在转移城市的基本生存，达成个人素质的初步现代化，而且要随着其在城市工作和生活时间的延长、工作和交往范围的扩大、认识和适应能力的加深，最终通过教育与培训实现个人发展素质现代化和素质的全面现代化。因此，新生代农民工教育与培训目标还应在市民化基础上，定位于实现转移人口的现代化。

3. 市民化与现代化两个目标定位层次的关系。市民化和现代化虽然都蕴含着实现个体可持续发展、个体与社会和谐发展的基本理念，但从实现新生代农民工市民化与现代化这两个目标定位层次的关系来看，实现新生代农民工现代化是对市民化目标定位的深化和发展，也就是说，新生代农民工教育与培训目标定位的市民化和现代化两个层次是递进和加深的关系。

第一，从内容来看，新生代农民工的现代化是其市民化的深化和发展，是其本质的完善。虽然教育与培训目标在实现新生代农民工市民化和现代化的具体内容上都囊括知识的更新、能力的提升和观念的转变，并都可以通过外在教育和教化以及个体认识和内化来实现，但"实现新生代农民工市民化发展"的教育与培训目标定位体现的多是对外在社会环境的适应性，而"实现新生代农民工现代化发展"的教育与培训目标定位则要求人有更高的追求和更新的目标内容，要求新生代农民工要富于创新和开拓，既要能够适应社会需要，又要具有超越精神。市民化目标定位的内容相对简化，它是新生代农民工进入城市社会取得市民资格的基本素质要求，而现代化目标定位的内容相对丰富，它是超越传统并获得现代人素质的更高要求。

第二，从实质来看，新生代农民工的市民化过程是他们获得各种社会本质特征，即获得社会性、实践性、能动性、意识性、自由性等的过程。新生代农民工的现代化实质与市民化实质相联系，是市民化实质的深刻化，如果说新生代农民工市民化的实质是人的本质的建立和初步实现，那么新生代农民工的现代化的实质就是人的本质的完善和进一步实现，人的现代化意味着人的全面发展，人只有达到自由全面发展，才能真正实现人的本质。

第三，从结果来看，新生代农民工市民化的结果是他们获得市民性、社会性，具备现代市民素质，成为合格的现代市民。新生代农民工现代化的结果是他们获得现代性，实现素质的全面现代化。从市民化与现代化的结果比较可以看出，市民化不等于现代化，现代人高于一般社会人。新生代农民工只有在获得市民性、社会性的基础上进一步获得现代性，才能成为现代人。

第四，从作用来看，通过教育与培训实现新生代农民工的市民化发展，就可以使他们普遍成为合格的社会成员，就能使社会文化得以传承、延续，使社会正常稳定地运行和发展。通过教育与培训实现新生代农民工的现代化，使其普遍成为现代人，就能进一步有效推动、加速社会现代化的发展进程。显然，这两者的作用都是不可缺少的。任何社会都必须拥有绝大多数的合格的社会成员，社会才能在稳定中求生存、求发展，而在成为合格的社会成员基础上，将众多市民进一步培养成现代人，则能大大加速社会现代化进程。

总之，通过教育与培训是新生代农民工的市民化、现代化的前提与基础，新生代农民工的现代化是其市民化的深化、发展。教育与培训能使新生代农民工市民化，使其能够适应城市社会的发展，成为城市中的合格市民；能培养这些未来城市建设的重要一员，实现人的现代化，实现个人与社会的发展与超越。

二、构建原则

现代职业教育是跨界的教育培训类型，终身职业教育体系需要多方参与，协调各方力量、整合各方有效资源，然而，一直以来，新生代农民工职业教育培训的主体都比较单一，资源得不到合理利用。而新生代农民工职业教育共同体以协调和共享为发展理念，建立创新体制机制，协调各方利益，整合各方资源，实现联动发展。由于当前新生代农民工职业教育依然存在一些不足之处，在运行的过程中还存在各种各样的问题，各主体"泄力"问题突出、主体间协作平台缺失，单由一个主体或两个主体承担新生代农民工职业教育培训工作很难将职业教育培训办好，充分满足新生代农民工对职业培训的需求，同时，也不利于资源的整合利用。

（一）以人为本原则

我们需要解决一个问题，首先要确定最终的目标，新生代农民工终身职业教育体系构建就是要提高新生代农民工的职业能力和素质，所以这一系列的工作都应围绕新生代农民工的需求展开。新生代农民工是一个特殊的群体，他们比父辈们更渴望在城市扎根，但内心更脆弱、自卑，因此，在整个教育培训过程中我们不能只可考虑学习的结果，更要注重对于他们的人文关怀，让他们能在这个大家庭中感受温暖。制订教育培训内容时要以新生代农民工的教育水平和工作经验为基础，教育培训过程以他们自主学习为主，并且让他们参与教育培训的部分管理工作。人本身可以作为自媒体传播知识，在教育培训过程中，利用新生代农民工这个资源，做好知识的传授。

（二）灵活性原则

新生代农民工终身职业教育体系是一种新的职业教育培训架构，是为了解决全国新生代农民工职业教育培训问题的一个方案，期望对所有地区都有指导意义，但我国东西部地区差异较大，在实施运用过程中要考虑各地区的经济背景和社会发展的特点，制订出更切合实际的组合模式和运行方案。

（三）可持续性原则

新生代农民工终身职业教育是为国家培养高质量的产业人才，因此，对新生代农民工的职业教育培训应是动态的，要随着社会经济的发展趋势以及行业需求，不断调整和创新培训的政策措施、总体规划和培养目标、组织方式等，实现与外部环境的互动循环，实现新生代农民工终身职业教育体系的可持续性发展。

（四）层次性原则

新生代农民工终身职业教育体系是涵盖了新生代农民工人力资本输出地和输入地的整体组织形式，在构建过程中，应体现一定的逻辑层次结构，建立完美的整体结构层次，以为进一步的研究创造条件。

三、构建分析

终身职业教育体系是针对市民化发展新动能的机制，以提升劳动者终身职业能力和综合素质为目标，具有长期性、持续性和系统性的特点。所谓体系就是由相互联系、相互作用的多个要素组成一个整体，每一个要素也是相互联系的子系统。我们构建的终身职业教育体系，是针对当前农民工教育培训中的不足和存在问题，根据他们的需求，按照终身教育思想和现代职业教育体系理论的有关指导原则，为实现其融入城市和终身职业转型的各相关机构及教育内容一体化的有机结合。新生代农民工市民化进程中的终身职业教育体系的主体应该是开放、广泛的、多元和协同的，各类型的终身职业教育主体都可以纳入体系运行机制当中，整合终身职业教育各个主体和内容模块形成有机的运行系统。终身职业教育体系还应当具备开放性、整体性、整合性、公平性和弹性化、生活化。开放性指终身教育向所有希望学习和需要接受培训的人开放；整体性指终身教育贯穿个人一生中所有的教育活动；整合性指终身教育体系下，各种教育形态做有机的协调与统整；公平性指充分保障公民个人学习的权利，没有资格的限制；弹性化指终身教育的学习目标、方式、时间、地点、内容及过程都非常灵活，具有弹性；生活化指终身教育强调教育内容与生活、工作相结合。这一体系构成主要包括政府统筹管理部门、教育机构、经济组织和社区组织四个主体要素。

首先，政府统筹管理部门处于圆形运行机制的中心位置，需要顶层设计相关政策及保障措施，整合各类教育教学培训资源，在终身职业教育体系当中居于协调和指导作用，有利于职业院校以学历教育为主的管理部门和以技工教育及技能培训为主的管理部门统筹协同，改变"二元"管理上长期分裂的状态，有利于国家职业资格框架顺利推行和现代职业教育管理体制的改革创新。具体的实践中，政府统筹管理部门需制定相关政策，并做好协调、监督、评估及拨款工作。同时，体系的构建需以健全的制度为运行保障，在教育财政上，政府部门需建立新生代农民工教育补贴制度、培训经费保障机制；在教育资源上，政府需整合社会资源，培训项目面向社会公共招标，建立政府主导、面向市场的项目竞争机制；在入学机制上，政府应建立健全包括入学申请制度、入学培训制度、学分制度、培训证书制度等一系列相关制度，以促进新生代农民工的终身职业教育体系的制度化与规范化。

其次，教育机构主要是以职业院校、应用型本科院校和大型培训机构为主，其他教育培训为辅助，可参照借鉴美国和日本等国经验，发挥开放大学或者无墙大学等在终身职业教育中的积极作用，他们是承担并实施终身职业教育主体。高职院校是高职学历教育与职业培训的重要实施主体，基于体系构建的内涵、高职院校的层次与功能定位，高职院校融入体系构建的过程就是高职教育以落实"一枢纽、一阵地和两中心"地位为核心，实现自身转型升级与助推体系构建的良性互促过程。一方面，高职院校以产教融合、校企合作为关键，彰显类型特色；以学制和课程为主要载体，在与中职、应用本科衔接中发挥承上启下的枢纽作用；以服务面向多元化为目标，以优质校、"双高"校和特色专业建设为手段，实现办学功能综合化，成为高素质技术技能人才培养培训的主阵地、面向地方中小企业和现代农业发展的技术研发和推广服务的中心，利用自身资源和优势，成为社区教育和终身学习的服务中心；另一方面，通过将终身化、特色化和多元化理念融入高职院校办学过程中，夯实高职教育与继续教育相结合的可持续发展模式，彰显其在体系中主阵地的地位，发挥引领示范的作用，助力体系加快构建。教育机构应侧重生涯导向，帮助学生在就业或升学后形成稳定、可靠的生涯发展路径，尤其是在岗位上拥有职业发展与技能提升的能力。如果职业教育，尤其是职业教育片面强调就业导向，将会对我国产业工人技术技能体系的完整性造成不利影响。除此之外，就业导向也将不利于学校生涯教育的实施，进而影响职业教育促进个体终身发展的本真功能。从现代职业教育体系建设的角度来看，体系的建构本身就体现了生涯发展的思想，每一位接受职业教育的公民都可以在现代职业教育体系中找到生涯发展的起点，并将职前教育与职后教育、学历教育与职业培训等紧密结合，真正实现职业教育发展的生涯导向。

再次，经济组织主要是企业和行业协会组织，它们是农民工终身职业教育的实际受益者，同时也承担在职培训和实践学习，满足劳动力技能可持续性提高，发挥企业新型学徒制，并和教育机构共同实施现代学徒制，利用自身独特优势参与到职业标准和国家职业框架资格认证过程。发达国家特别重视企业教育，如美国对企业内进行的各种教育及训练活动，如果属于大学水平的，可由州有关机构加以认定，学习成绩可以作为大学的正规学分予以承认。经济组织特别是企业从产品生产到兼顾教育与培训，让教育功能日益增强，成为提升人力资源素质的重要平台。经济组织是新生代农民工终身职业教育体系的关键，企业教育的对象主要以本企业职工为主；企业教育的内容主要围绕基本知识、岗位技能、素质培训三大方面。由此可见，企业教育与员工的职业发展相契合，与员工的终身学习需求相一致，与企业长远发展战略相统一，既有利于员工的终身发展，也有利于企业的长远发展。企业教育是学校后职业教育、继续教育的重要形式，是终身教育体系不可或缺的重要组成部分。

最后，社区组织是农民工生活的实际载体，需要切实关注这一类职教主体，借鉴西方发达国家经验，将居民社区、农村社区、博物馆、科技馆、农家书屋和其他社会文化组织构成的社区教育供给主体纳入终身职业素养提升框架之中。在终身教育视阈中，博物馆、图书馆等文化机构的教育使命不断加强，它们不再局限于自己的科学使命或保存遗产的使命，而应该努力创造条件，尽可能向社会开放，为公众提供尽可能完备的资源、设备、场地等，成为人们的学习场所。以县域统筹为主，努力形成"区（县市）社区培训学院—街道社区教育中心—社区（村）社区教育站"的社区终身教育阵地布点，社区教育的宗旨是提高社区成员的素质和生活质量，它是实现新生代农民工终身职业教育体系的重要途径。它具有平等性、服务性、多样性、开放性和灵活性的特征，为包括新生代农民工的群体提供适宜、实用的教学内容，满足他们特殊的教育需求，发挥提高农民工综合素质的重要作用。一方面，社区要根据本社区内新生代农民工的教育需求提供相应的教育内容，如求职培训和工作技能培训等，切实提高他们的生活与工作的能力。另一方面，社区应发挥新生代农民工素质提升站的作用，开展丰富多彩的文化活动，并提供学校教育和企业培训以外的其他普及性培训，比如休闲娱乐、卫生保健、人文精神、心理健康及权益保护等方面的教育内容，丰富他们的精神生活。社区教育是建构终身教育体系，培养可持续发展新生代农民工的重要基石。社区教育的对象可以包括一切社区人员，无论是未成年人、青壮年劳动力或是老年人都是其可以影响的人群，而社区教育的开设内容中的信息更新、法规政策、管理知识系统更新、前沿科技学习、技能性培训、养生知识讲座、休闲型培训等都可以在这些人员中长期、持续不断地开展下去，具有一定的可操作性和实践性，能保证新生代农民工在工作和生活之余拥有休闲和继续学习及享受生活的乐趣和空间，保持其学习的积极性，不断地提升自我专业知识和自身素养，培养国际化的视野和发展前景规划，养成终身学习的好习惯，实现新生代农民工的可持续发展。

综上所述，这一体系构成是以统筹职业教育体系和技能培训体系的政府主管部门为核心，以教育机构、经济组织和社区组织为主的"四位一体"终身职业教育构成体系，如下图所示；

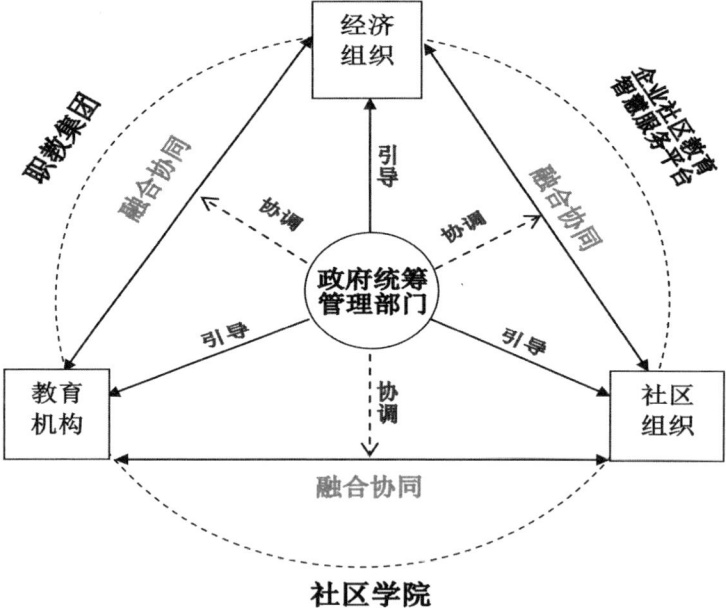

图7-1 新生代农民工终身职业教育体系构成

四、具体思路

对终身职业教育体系构成做了初步分析以后，具体到目标设定上，新生代农民工终身职业教育体系以转移劳动力的市民化为方向，这与传统的劳动力转移培训目标具有很大的差异。终身职业教育内容是职业教育理念和培养目标真正得以实现的基础。终身职业教育目标规定了由新生代农民工向新市民培训的总体努力方向，而终身职业教育内容则规定了总体目标指引下各阶段职业教育应该涵盖哪些培训项目模块，这些项目模块以市民化各阶段性目标为指引。从新生代农民工终身职业教育内容体系与传统的农村劳动力转移培训内容之间的关系看，前者从内容涵盖上全面超越后者，前者涵盖从职业启蒙、职业准备、职业迁移、职业稳定和职业提升各阶段内容，而后者仅限定于职业迁移阶段的职业技能知识培训。

（一）目标设定

以提升新生代农民工整体素养、促进其职业化持续发展为目标。随着经济快速发展，社会需要的是高素质的职业化产业工人。从终身发展角度出发，我们要把新生代农民工作为完整的发展主体来看待，以提升他们的整体素养、促进职业化发展为总目标，职业教育培训要兼顾知识、技能、能力以及情感、态度、价值观等方面的培养。终身职业教育从操作过程上讲是对职业技能及职业素养的终身可持续培养。通过职业教育终身化进一步拉近职业教育同社会经济发展之间的联系，学历教育是职前进行技能教育与训练的阶段，通常滞后于经济社会的发展，无法及时满足经济社会不断变化的需求。职业培训则具有较强的灵活多变性，它以职业教育学习者可持续发展为培养目标，能够根据企业的实际需求开展灵活的技能培训，既可以做系统的培训项目，也可以是单一的模块化培训，没有学历性的限制与要求，能够着眼于经济社会发展需求开展多样化的社会培训。因此，职业教育终身化的目标是通过有效衔接职业教育与社会需求之间的关系，促进经济社会的快速发展。但是，终身学习是以提高学习者的技能与素养来实现社会价值，学习内容除了包含技能知识外，它还包括学生适应终身发展及社会发展需要的必备品格和关键能力。"职业教育体现终身教育理念的关键内涵是满足人的发展需求。"从这个角度上讲，职业教育终身化，以促进职业教育学习者与经济社会的协同发展为目标，新生代农民工务工的目的除了赚钱还有提升自身素养和职业技能水平等长远目标，他们对于工作的环境、发展前景、工作收益等都有较高的期望，已经由单一的经济性务工转变为经济和生活双重性的务工，这就说明他们逐渐适应了时代的变化和发展的节奏，树立了与时俱进、终身学习的就业观念，对城市和职业具有较高的认同感和期望，同时也意识到了他们的较高的职业期望与自身的职业技能水平较低之间的矛盾，这也是引领他们不断学习、接受培训的动力和源泉。只有对自己有清晰的认识和了解才能够在培训过程中加强对自我在创业知识、学历层次、职业安全卫生知识、劳动法等法律知识、人文知识和生活知识等方面的认知，清楚认识当前就业形势的严峻性和就业岗位对劳动者素质和技能要求越来越高的现状，找准自己方向和定位，根据自身素质来制定、调整和完善培训目标和培训计划，并且以此为导向，落实培训计划和目标，提升培训质量。

（二）职业规划

加强引导，提高新生代农民工职业发展规划意识。新生代农民工普遍对于自身职业发展缺乏明确有效的规划，这不利于其在职业发展中树立明确的职业发展目标和终身学习的理念。因此，对其进行终身教育时，应注重提高他们的职业规划意识，对职业定位、职业目标的设定和职业发展实现通道的选择进行指导，并着重培养新生代农民工在工作中面临困难时分析问题、解决问题的能力，以促使其坚定地朝着既定目标努力，实现自己的职业生涯规划，获取成功。新生代农民工具有一定的自学能力，要引导他们树立自我导向的学习意识，使其根据自己的实际需要，确定符合自身实际的学习目标，激发其学习积极性，以形成自己的学习计划，选择适当的学习策略和学习结果的评价方式，进行积极有效的学习。同时，应完善学习支持指导系统，注重系统的建立，比如教师要为新生代农民工提供充足的学习资源并加以引导，指导其找到适合自己的学习方法等，促进他们知识和能力的持续发展。

（三） 教育内容

要建立新生代农民工职业教育培训内容体系，把职业技能、职业行为和职业素养作为主要的学习内容。目前，农民工职业培训内容缺乏统一体系，各自为政，培训内容杂乱，影响了培训的质量和效果，更阻碍了农民工的职业化发展。为有效提升培训质量，农民工职业培训内容应规范化。一是结合各行业实际情况，组织各地专家，就各行业对各工种的要求，筹划建设全国统一的农民工职业培训内容体系。职业培训内容体系一经确立，可以对全国各行业的农民工进行统一规范的通识教育培训和专业内容教育培训。二是各地参照国家标准，根据区域特点建设本地区农民工职业培训内容体系。三是企业根据以上两大培训内容体系，结合企业实际，制定适合本企业农民工的职业教育培训项目和教育培训内容。职业技能、职业行为和职业素养是职业化构成的主要因素，也是新生代农民工职业教育培训的主要内容。职业技能要以新生代农民工从事职业所需的职业知识和职业技能学习为主，从职业资格认证进行分类，可以分为初级、中级、高级不同层次的职业资格培训，要鼓励新生代农民工循序渐进，不断进取。职业技能也包括对新知识、新技能和新设备的学习，新生代农民工要主动学习新事物，适应新技术发展的要求。职业技能为新生代农民工的职业化发展提供了技术铺垫。职业行为主要体现在遵守行业和企业的行为规范上，包含职业化思想、职业化行为习惯以及职业化语言，应以新生代农民工从事本职业的行为标准为主要学习内容，结合职业语言、行为规范、行业规程、企业文化与发展理念、企业规章制度进行专题培训，并以培养职业操守、强化职业行为、形成职业习惯为目标，为新生代农民工职业化发展提供行为铺垫。职业素养是职业化更高层次的要求，包括职业道德、职业意识、职业精神和职业态度，要求新生代农民工具有高尚的职业道德、职业情操和职业品质，学会职业规划，有团队合作精神，具有正确的职业价值观和职业态度，为新生代农民工职业化发展提供了思想铺垫。总体来说，职业技能、职业行为的习得属于显性学习，职业素养的提升属于隐性学习。隐性学习需要个体在工作过程中不断体验、感悟和提升，时间更长、难度更高、影响更为深远。拥有职业技能、职业行为和职业素养的新生代农民工会更认同自己的职业，对职业的忠诚度更高，这是职业化形成的重要标志。

此外，为提升新生代农民工整体素质以及公民素养，使其更快地适应城市生活，教育职业培训内容中还需加入通识教育内容，包括城市生活知识、法律知识、心理健康知识、职业生涯辅导、创新创业知识的学习，语言表达能力、电脑操作能力、自主学习能力、社交能力的培养，以及公民思想道德意识（如公民意识、法律意识、交通意识、环保意识等）和身心素养的提高等。同时，还要鼓励新生代农民工参加职后文凭进修，以获取更高学历，为职业化发展搭建更高的平台。

（四）方法创新

在教育培训方式方法上，要采用"政府—企业—培训机构—行会"协同培养的形式，强调理论联系实践，积极开展新媒体教育和创新学徒制培养模式。政府要统筹规划新生代农民工的教育职业培训，负责新生代农民工职业化的全盘布局，确立职业标准，制定农民工职业化及职业教育培训的相关政策法规，整合各部门力量，成立农民工职业培训专门管理机构，加强对企业、培训机构、行会的管理、监督和评价，加大执法力度，协调各方关系，构建从中央到地方的农民工职业教育培训体系，并结合地方产业发展战略，调整优化地方职业培训结构，做好新生代农民工职业培训宣传启动工作。企业要严格执行相关政策法规和人事用工制度，成立企业员工职业培训机构，制定农民工职业培训制度，给予农民工职业教育培训有力的财政支持，把新生代农民工职业教育培训计划纳入企业人力资源发展计划；引导新生代农民工明确职业教育培训的重要性，调动他们参与培训的积极性；安排适合在企业内部开展的课程教学，如实训课程、企业文化课程、职业道德课程等。教育培训机构是新生代农民工职业培训的主要承办方，无论是公立还是私立都可以参与农民工职业教育培训工作，但必须具有教育培训资质，获得相关职能部门的认证。农民工职业技能认证、理论课程、文化课程以及公民素质课程以培训机构教育为主，这是新生代农民工职业教育培训的主渠道。行业协会是新生代农民工职业培训的认证方，职业资格认证、职业技能证书的颁发由其负责，行业协会的认证标准决定着新生代农民工职业培训的主要内容和方向，这是新生代农民工职业化的重要一环。企业、教育培训机构、行业协会三者应有机结合，在政府领导下协同办学。

订单加定向式教育培训模式值得推介。企业与培训机构签订教育培训合同，培训机构为企业培养所需人才，并与行业协会联合帮助学员取得职业资格认证，企业则对参加过定向教育培训的新生代农民工优先录用。由于经过培训的新生代农民工在就业前就已经具备从事该职业的知识和技能，对企业也有初步认识，企业更愿意录用这样的劳动力，培训机构的就业率也会得以提升，从而实现企业、教育培训机构与新生代农民工"三赢"的局面。以往教育培训多存在理论脱离实际问题，新生代农民工觉得学习后在工作中用不上，因而对职业培训失去了兴趣和积极性。鉴于新生代农民工理论水平较低、自学能力较差的情况，职业培训中的理论知识讲授要简明扼要、深入浅出，密切联系新生代农民工的工作实际以及生活实际，多开展实训练习和手把手操作演练。此外，新生代农民工都是年轻人，容易接受新事物，对计算机、智能手机、网络的运用也相对熟悉，可以借助数字媒体、互联网、移动通信等新技术开展新媒体职业培训教育，如安排部分培训内容进行线上学习，开展线上考核。新媒体教育有跨时空、海量信息、即时交互交流信息的特点，可以促使新生代农民工随时随地参加职业教育培训，增强了培训的灵活性。

一是建立企业全程主导的学徒制教育培训模式。由于教育链和产业链关注点存在巨大差异，因而在推进现代学徒制实施过程中往往出现"校热企冷"问题，必须改变原有的学生—雇员的教育培训模式，调整为雇员—学生—学徒—雇员的模式。企业按照企业发展需求，招聘雇员并签署工作协议，随后由企业部分出资资助学员到学校学习理论知识，然后以"学徒"身份在企业实习，毕业后再回企业工作，企业把学生当作自身的员工来培养，积极性可以得到充分调动。二是建立个性化农民工培训模式。针对农民工年龄、技能、文化程度和求职愿望差异开展个性化培训。对有一定文化基础，相对比较年轻，有追求向上流动机会意愿的新生代农民工，鼓励他们参加 3～4 年制的现代学徒制教育培训，使他们职业技能素质获得质的提升；对其他类型的农民工，则重点采用短期的单一技能教育培训，以提升其单一技能，实现快速就业。三是广开招生渠道降低门槛。现代学徒制培训模式，既要考虑到在本地企业务工的人员，也需要以方便学员学习为目的，接受外地企业的培养委托；加强与省、市、区行业协会的合作，由行业协会协调、收集企业需求，拓展招生渠道，实现规模化办学；以符合企业的用人要求为依据，培养优秀的技能型工人为目标，重技术、轻学历，降低入学门槛，减少理论考试难度，为有专业工作经验的低学历农民工创造到职业院校深造的机会。 四是学历教育和技能培训共同推进。现代学徒制的实施必须达到四个对接，即专业设置与产业需求对接，课程内容与职业标准对接，教学过程与生产过程对接，毕业证书与职业资格证书对接，职业教育与终身学习对接。 学员通过学习在获得毕业证书达到学历水平提高的同时，还应将高等级职业资格证书的获得作为培养要求，以达到职业技能水平提高的目的。

（五）开发过程

贯穿农民工职业生涯各阶段。新生代农民工市民化进程按照其在职业生涯各个阶段可以分为职业导入、职业适应和职业成长阶段。职业导入阶段是农村劳动力在转移前，围绕着促进就业进行的职业技能培训。地方政府和中央政府颁布的各类政策和法规，以及开展的各类职业技能教育与培训，主要针对职业导入阶段。职业适应是农村劳动力在转移后，围绕着岗位技能培训进行。随着新生代农民工职业迁移目标的逐步实现，市民化成长目标逐步清晰，职业成为农民工发展中新的职业方向。贯穿于农民工生涯各阶段的终身职业能力开发体系将实现其职业成长和职业转换的真实目的。

五、运行分析

新生代农民工终身职业教育体系强调将终身职业教育各模块加以整合进而形成整体系统，这一体系由引导、推动机制运行的各项基本准则及相应制度构成，是决定终身职业教育机制有效运行的内外因素及相互关系的综合。

（一）探索多元主体融入协作的运行机制

鉴于新生代农民工的个性和需求呈现出与老一代农民工不一样的特征，成长和发展轨迹也与上一代呈现不同差异，要满足他们多样化、个性化的需求，必须要动员各种力量参与到这一终身职业教育体系中来，因此未来的终身职业教育将面临需求更加多变，教育内容更加多样，涉及主体更加多元复杂化，这些变化必将推动行政治理边界的变化和多方联动的运行机制的实施。所以处于终身职业教育体系中心的政府有关管理部门，需要统筹协调学历教育为主部门和职业培训有关部门，积极探索组建国家终身职业教育体系领导小组，实行一元管理，推进国家职业资格框架的终身教育教育学习体制，淡化自身的行政指令功能，强化其统筹协调与科学指导功能，制定切实有效的政策鼓励不同主体之间协作，让处在圆形构成体系周围的经济组织、教育机构和社区组织之间融合协同运行，共同推动他们优势互补、相互补充、互为依托，让运行机制体现相互影响、相互作用的互动发展局面。农民工终身职业教育培训具有较强的外部性，政府要充分发挥主导作用，将农民工职业技能培训纳入国家职业教育和继续教育体系之中，整合职业教育和培训资源，为职业技能培训全面提供政府补贴，逐步建构现代职业教育和新生代农民工终身教育的"立交桥"，推进中高职衔接，鼓励高等学校、各类职业院校和培训机构积极开展职业教育和技能培训，推进职业技能实训基地建设。出台政策鼓励通过教育机构与经济组织构建职教集团、经济组织与社区组织建立社区教育及智慧服务平台、社区组织与教育机构组建社区学院等形式，组成终身职业教育共同体，实行例会制度和定期反馈机制，强化激励举措和有效的监管，政府管理机构统筹引导经济组织、社区组织和教育机构三者融合推进开放、系统、多元协作的新生代农民工终身职业教育体系有效运行。

由于各行为主体间信息不对称，在农民工与职业教育培训机构短期合作过程中，新生代农民工的职业教育培训存在诸多风险。这需要企业、培训学校、新生代农民工等多方建立起稳定的长期合作关系，以相关法律法规为指导，明确彼此的责任和义务，规避信息风险，维护好各方权益。新型城镇化建设中新生代农民工终身职业能力提升体系设计应该是多主体相互协作的，形成系统的、开放的终身职业能力开发体系，以解决目前各培训社会主体社会参与度不高的难题。以职业院校、应用性本科院校、社会培训学校和成人教育机构为主的教育机构是农民工终身职业能力提升体系中的教育与培训的主体力量。用人单位和行业协会构成行业主体，在终身职业能力提升体系中的作用是承担在职职工培训的角色，确保新生代农民工的专业知识和劳动技能能够满足生产的需要。此外，社区职教主体建设也需要被关注。职业能力提升体系除了劳动者的劳动技能以外，还包括职业素养和个人综合素质。要大力提高社区图书馆、博物馆的利用效率，开展形式多样、丰富多彩的社区教育活动，吸引新生代农民工在开放、平等的社区教育框架下提升自身素质，融入城市生活。

（二）强化国家到区域再到企业主体推进机制

国家层面：以国家学历和职业资格认证制度为核心，尽快构建系统化的包括职业教育质量保障、学习成果互换、生源保障、专业课程建设和教师专业发展等顶层保障机制，为教育主体融入体系构建提供法律和制度保证。区域层面。在依托国家政治体制的前提下，以强化企业重要主体作用为核心，落实省级政府在推进产教融合中的统筹者责任。一是通过制度先行、政策配套，基于顶层设计构建起满足产教融合的发展格局，保证国家政策文本向举措供给落地。二是加快完善地方职教法律法规的完善，构建产教互动的体制机制，促进产业、高职教育供需双向对接。具体内容包括：以政、企、行、校、培训机构等多边协调运行机制为依托，以集数字化、智能化以及网络化于一体的现代区域职业教育发展机制与职业技能培训市场化和社会化发展机制为基础，以相关法律约束与评估激励机制为保障，建立和完善以区域人力资源市场为导向的人才培养结构调整机制和以"职业资格认定、专项职业能力考核"为核心的人才评价、管理和服务机制，以及校、企、行等利益主体责权对等机制、利益补偿机制。三是推动企业以主体身份参与新生代农民工终身职业教育体系建设，如促进校企合作、推进协同创新和成果转化，支持企业开展在岗培训、健全多元化办学体系、鼓励开展混合所有制办学模式改革，为国家提供试点经验和典型案例。

（三）积极建立多渠道筹措机制

由于终身职业能力提升体系是面向全体农民工的，体系庞大、覆盖面广，因此需要大量人力、物力、财力来支持。因此，健全政府财政保障机制必不可少。发展终身职业能力教育，除了依靠占主导地位政府的财政拨款外，还应当要进一步拓宽资金筹集渠道，建立政府、企业和个人三方共同承担的经费筹措机制。首先，在政府层面，增加对职业教育的经费投入，设置终身职业能力提升专项发展基金，保障终身职业教育事业的有序推进。其次，在企业层面，根据我国的相关法律"一般企业按照职工工资总额的 1.5%~2.5% 足额提取教育培训经费，列入成本开支"。作为一项制度，企业每年应提取一定比例的资金作为农民工的终身职业能力提升经费，且严格遵守。政府可以借鉴目前企业替员工缴纳"五险一金"的做法，将农民工职业能力提升经费以法律法规的形式固定下来，有关部门进行有效的监管。同时政府可以通过税收减免优惠等方式，鼓励企业建立农民工终身职业能力提升基金，调动企业参与农民工教育培训的积极性。再次，在个人层面，要减轻农民工参加职业能力提升培训的经济负担，鼓励教育培训机构减免农民工的培训学费，并且同时推进了政府购买培训成果和提高了受培训后技术工人的待遇。在社会层面，建立终身职业教育公共基金制度。此项基金主要依靠社会各界的捐款设立，面向残疾人、待业和失业人员、生活贫困人员等弱势群体，为他们接受职业教育和培训、提高生存和发展能力提供资助。终身职业教育公共基金的具体资助对象根据各地民政部门、人力资源与社会保障部门提供的相关信息确定。

（四）建立健全心理健康教育的长效机制

针对以前新生代农民工心里受挫能力和忍耐力低下等问题，在体系构建中，对知识的系统学习是基础，掌握职业技能是关键，提高心理素质是保障。新生代农民工的心理要素是最容易被忽视的，但从以往分析来看，这个要素普遍存在着，尤其需要加强的是"自信"和"韧性"。因此，应把心理健康教育作为构建新生代农民工终身教育体系的重要部分，切实提高他们的心理健康水平。为此，应从三个方面努力：一是政府、社区和企业可组织丰富多彩的休闲娱乐活动，定期举行"新生代农民工之星""新生代农民工歌王"等评比活动，丰富他们的文化生活，让他们感受到来自城市的接纳与热情，消除与城市的隔阂，促进心理健康；二是把心理健康教育纳入职业教育范畴，多渠道宣传心理知识，提高新生代农民工心理素养；三是构建专门的新生代农民工心理疏导机制，建立专门的心理辅导机构以及信息咨询网络平台，对有心理困惑与问题者进行有效的心理辅导。

（五） 加强氛围塑造与舆论引导

作为公开的社会评价，舆论的社会功能主要是通过公众意见的累积与公开表达实现的。舆论对于职业教育的影响是双向的，但可以是作用一致的：一方面舆论会通过对职业教育的价值功能进行宣传以博得社会对职业教育的认同，并以此增强职业教育的社会认同度和吸引力；另一方面职业教育办学实力的增强，办学的社会影响度的提高也会影响舆论对职业教育的宣传导向，以赢得更好的社会观感。问题的关键在于职业教育要找准舆论宣传的关键点。这个关键点既是舆论所关注的，更是人民大众所关注的。任何时代有关职业教育的观念——推崇也好，鄙薄也罢，其产生的主要根源皆应在于职业教育自身及其相关因素的发展情形。有研究曾指出，"当前学习内容的实用性如何和是否奠定了不断更新知识、技能的基础，今后的就业质量如何以及未来继续学习和职业生涯发展的空间有多大"，决定了职业教育能否吸引学生及其家长。面向2030年，职业教育更应凸显其"服务"的本质特征，围绕学员的生涯发展和产业的人才需求，提供全方位的人力资本提升、生涯咨询、就业创业指导等服务。服务观念的树立将有益于职业教育社会吸引力的提升和舆论环境的优化。政府可以通过广播、电视、报刊、网络等媒体渠道，宣传中央有关新生代农民工的各项政策及规章制度，使其深刻培训在产业结构升级、经济增长方式转变、农村剩余劳动力转移中的地位和作用，并加大宣传力度，从宏观上改进农民工的就业和工作环境，通过政府的公信力和媒体的宣传效用等多种渠道为"新生代农民工也是社会前进的朴实而强有力的推动者，是经济发展道路上不竭的助力者"良好形象作宣传，为提升农民工的社会形象和地位，帮助社会更加深切地了解农民工，赢得更高的社会赞誉和尊重做出努力。这样当新生代农民工获得更高的信任感和存在感后，他们就会更加自信于这个行业，从而自身的幸福指数也会不断提升，这不仅有助于加强其自身的心理建设和提升工作热情，而且有助于整个行业的发展。

此外，舆论引导上，鼓励个人和不同社会群体积极支持和参与新生代农民工终身职业教育培训。在社会生活各个领域，通过不同媒介积极宣传终身学习和终身职业培训的重要意义，更新传统的学习教育培训观念，常态化开展技能竞赛活动，多渠道及时发布各类培训资讯，为终身职业培训体系的构建营造良好的社会氛围，让更多的人认识了解自己享有的教育培训权利，调动新生代农民工学习者的学习积极性和主动性，并能根据自己的意愿顺利接受各类职业教育培训。

第三节 终身职业教育体系激励机制

良好体系的构建与运行必然需要有效的激励和保障机制，新生代农民工的终身职业教育体系的构建运行也同样需要有力的激励机制。

一、激励机制

（一）实施教育供给主体有效的激励机制

在终身职业教育体系构成之中，经济组织、社区组织和教育机构是三大教育供给主体，经济组织，尤其是企业，他们是农民工终身职业转型和持续性发展的重要载体，是新生代农民工技能及素质提升的实战阵地，也是终身职业教育体系供给经济单元和直接受益方，因此，政府统筹管理部门鼓励企业建立新生代农民工教育培训的台账，并做好新生代农民工终身职业教育培训的有效凭证，实施新生代农民工技能素质提升在经济组织之间有序反馈和连续性流转。同时，政府可以通过税收减免等优惠举措，在企业所得税中冲抵新生代农民工劳动教育和培训的投入，或者可以实施政府购买企业对农民工职业教育培训券的形式，调动企业参与终身职业教育培训的积极性，发挥其"谁长期投资、谁长久受益"系统主体功效。尝试构建社区产业园区。社区是新生代农民工生活主阵地，也是技能和综合素质提升的自觉载体，要加大对社区有效需求的投入，农民工的终身职业教育离不开社区的长期付出，社区职业教育与其他教育形式有其显著的区位性和开放性，可以利用生活载体优势服务农民工的终身职业教育，做好新生代农民工心理健康等方面的长效激励机制，构建社区智慧服务平台，探索新生代农民工智慧学习和社区微教育的累积推进机制。与教育机构积极配合，构建富有区域特色的社区学院，实施以职业长期转型发展和岗位未来发展的终身教育学习体制。政府投资不仅是对环境设施和社区书屋等外在形式，更要以农民工需求定制为目标进行有效社区终身职业教育的投入。最后，对于教育机构，建立健全政策措施，在终身学习制度框架下，鼓励他们应从单纯的学龄人口教育转向统筹兼顾学龄人口和社会人员接受终身职业教育的需求，这有利于职业院校从"就业导向"到"生涯导向"的价值转变，与社区组织和经济组织紧密联合，三方共同促进职业院校在生源渠道、师资队伍建设、人才培养模式等方面内涵式发展创新。

（二）推行以终身职业教育需求对象为内生动力的激励机制

终身职业教育体系构建运行最终是要落实到需求对象个人身上，面对劳动力市场发展变化和职业类型发展的新趋势，立足于新生代农民工个人长远发展的实际需求，不仅要从外能赋予新生代农民工的市民化，更多从他们内生动力机制和个人终身职业学习领域认定的接续机制上及流动性学分银行入手：

1. 以新生代农民工终身职业教育为试点，研制具有公信力的国家资历框架体系。建立全国统一基准、基于能力的学历与资格证书制度，打通普通教育、职业教育和行业培训三大系统之间的壁垒。多国经验表明，国家资格框架是终身学习制度的重要支撑，应重视我国资历框架的研制工作；此外，还要重视学分领域的国家标准的研制，如高等教育、职业教育和行业的质量和认证标准，这些分领域、分行业的标准将为学习成果认证提供参照。而对于跨体系、跨机构的学分转换活动，可采用统一指导之下的双方协议如何进行学分转换规则，国家不一定要为双方确定标准和转换办法。终身教育资历框架的实施是对人们通过正规教育、非正规教育和非正式学习的学习成果进行认证，学习者的学分得到积累、互认和转换。由于正规教育已经有完整的学习成果评价体系，资历框架中学习成果认证关注的是非正规教育和非正式学习的学习成果认证，包括职业教育和培训、继续教育、技能证书和各类业绩的学习成果认证。这就需要建立具有政府层面的资历和学分认证管理机构，邀请和吸引各类教育机构和各行业协会参与，从而得到政府、行业企业以及全社会的认可。

要促使职业院校树立技术技能人才终身发展的理念，须改变目前以学历衔接为主的现代职业教育体系构建逻辑，并基于职业活动和职业能力发展规律，构建服务于技术技能人才成长的有机衔接的学习路径和发展通道。通过教育界和产业界的紧密合作，以国家职业标准为依据，融合教育性和职业性，考虑职业能力发展的阶段性和长远性要求，开发职业技能等级证书，为解决这一问题提供制度框架。英国、澳大利亚等国家均建立国家职业资格框架，通过证书的衔接实现技术技能人才培养和发展的一体化。我国目前正在启动"学历证书+若干职业技能等级证书"（"1+X"）制度改革试点，希望通过开发职业技能等级标准和证书，来实现中高职的协调发展、职前职后一体化发展，从而为职业教育服务技术技能人才终身发展提供支撑。

2. 建立新生代农民工学习领域认定评估机制。在目前国际上已有的建设国家资格框架的国家和地区中，以立法、设立专门组织机构等保障先前学习认定策略的使用和推广是普遍做法之一。学校只是教育系统的一部分，一个人在家庭、学校、社会从事的短工或职业、宗教、阅读、听音乐、看电视等活动中的经验都应纳入整个教育系统，这些经验同样可以获得知识技能、习惯态度和基本价值观。学习型社会的构建和发展，需要我们树立新的学习成果观，并通过有效的机制实现各类学习成果之间的融通。新生代农民工在新的教育学习计划开始之前，有必要同时对先前所有正规、非正规和非正式学习成果有一个完整的认知和科学的评估，从而为学习者新的学习提供更准确的起点，使其获得更有针对性的学习指导。这一认识和技术转变实质上可以促进个体学习者各类学习成果的联结和贯通，进而使学习者本人和教育工作者都逐渐认识到，只要个体能从各种不同的学习机会中获得真正的学习成就，不同环境中的学习都是有价值的。探索将反映公民学历、证书和能力的文件整合起来，同时记录既往的业绩和职业经历，是职业护照制度的核心内容。目前，我国尚未建立职业护照制度。从建设终身职业培训体系来看，建立职业护照制度十分必要。

3. 探索新生代农民工的终身学习账户和流动性学分银行建设。除了现有的政府购买教育培训成果、发放职业教育培训凭证等形式外，借鉴英国"终身学习账户"和日本"终身学习护照"，可以在新生代农民工群体中推行"学分银行"的培训制度，通过学分累计与兑换等一系列激励政策，调动农民工参与终身职业能力提升的动力和积极性。建立新生代农民工的"职业能力终身化学分银行"，其功能不仅是"学习成果的认证与转换"，还可以服务于新生代农民工的终身学习，可以建立新生代农民工的"终身学习账户"。对于新生代农民工参与的各种职业能力提升的教育与培训，或者任何具有教育意义的终身学习活动，或者文化娱乐休闲活动，都可以以学分的形式记录，通过一段时间的累计，在职业升迁或者农民工落户时都可以进行提取。目前，上海、浙江、江苏等地区已经成功推行了"学分银行"政策，可以很好地在全国总结推广。以"职业能力终身化学分银行"的建设和推进，来充分调动新生代农民工参与终身职业能力教育的积极性，使他们有步骤、有计划地在城市安家落户，推进市民化进程。探索学分银行的"贷分机制"，建立终身学习信用档案尤为必要。以开放大学为例，可采用"宽进严出"的政策，通过注册入学的招生方式，为每一位学习者建立个人学习信用档案，用于存储个人信息、学习经历、学习成果及转换记录等信息，授予每位学习者一定的信用学分，在学习过程中引入"贷分机制"，在学习者信用学分积累到一定程度时，可允许提前预支部分学分。此外，要加强对教学过程中学习者学分信用的动态监测与评价，并建立政府、企业、教育机构和社区组织间的沟通机制，确保"贷分机制"的有效实施。

4. 探索灵活的个人学习内部激励措施。激励终身学习。发展终身职业教育的

174

根本目的是让全体社会成员学会生存，使每个人的潜力能在成长的各个阶段中完全地发挥和表现出来，进而实现自身的价值。因此，发展终身职业教育需要学习主体的配合和支持。假如学习的主体缺乏终身学习的意识，缺乏内在的学习动力，那么学习资源再多也不可能得到很好利用，再完备的终身职业教育体系也只能形同虚设。学习主体的状态在很大程度上影响着终身职业教育的发展。我国民众的终身学习意识普遍不强，学习还没有成为广大社会成员发自内心的强烈内驱行为。在这种情况下，建立学习的激励机制，对于推动全体社会成员的终身学习尤为重要。

参照澳大利亚职业资格认证框架和培训包的要求，开展"一所学校、多种学制"的灵活多样的教育培训机制。可以参加正规的学历教育，也可以参加非正规的短期培训学习；如果你有时间，可以全日制学习；如果你时间有限，可以参加业余培训，可以针对培训的需要来制定，学制有长有短，学习方式灵活多样。我国的新生代农民工教育也可以借鉴 TAFE（职业技术教育学院）的经验和学习模式。我国的职业教育结构在招生、学制设置、学习方式和考核方式上可灵活多样，但是学习内容必须严格按照培训包的内容和技能标准的要求。我国新生代农民工群体数量较大，年龄、文化程度各异，各自的工作岗位需求不同，学习的内容也不同，这样就要求我们的职业教育和培训机构要因人施策，设置灵活的学制和学习方式。比如职业教育机构在招生机制上，应打破传统的考核录取体系，使每个公民都有资格报名学习。教育主管部门针对职业教育机构的考核也要进行改革，灵活施策。利用网络信息技术构建一个面向新生代农民工的开放、共享的虚拟学习社区，为其提供适宜的教育资源，帮助他们实现职业层级和经济等级的"上升流动"，已成为理论与实践发展的共同需求。

5. 建立以企业为基础的校企融合培养机制。以企业为基石，开展职业教育提升竞争力。在经济转型和产业升级的背景下，"人力资本"对企业发展越来越重要，许多知名企业深刻认识到此重要性，纷纷建立了企业大学，切实担负起职工在岗的职业能力培训工作。在工业化背景下，企业与学校可建立企校联合培养制度，整合教育资源，树立开放合作意识，以企业可持续发展为目标，以新生代农民工职业技术提升为宗旨，与高校共同制订"校企合作，工学结合"的人才培养方案，通过开发贴合企业实际的专业课程，采用"双导师制"和"弹性学制"，促进企业技能人才培养，稳定发展高素质产业工人队伍。另外，需尽快建立有效的激励和约束机制。企业和新生代农民工个体对继续教育的收益或回报存在疑虑，都不愿意对新生代农民工继续教育进行投入，只有通过有效的激励和约束机制才能解决此困境。企业可以根据自身的技术和发展需要，与新生代农民工进行双向选择，明确权利和义务。企业可针对新生代农民工个体特征及岗位需求，制订相应的教育培训计划，要求受培训者通过培训，达到岗位需求的技术水平，并明确服务年限；新生代农民工通过协议与企业明确学习费用分担和薪酬待遇。建立充分有效的激励和约束关联机制，可有效增强对所在城镇和企业的归属感和责任感。

此外，我国农民工体量大，分布范围广泛，加上就业流动性大，在构建城乡职教一体化公共服务平台的过程中需要充分发挥国家和省级政府的资源统合力，充分利用互联网技术来构建多部门共同参与的公共服务新机制。还需要加强新生代农民工的职业生涯规划教育，宣传强调职业生涯规划的重要性和终身职业教育的意义，全力辅导和帮助他们形成自己的学习计划，积极参与搭建网络教育平台、微型学习平台等终身职业教育长效运行机制，改变传统"以教育促成长"模式，创新完善"以成长促教育"的模式来激励终身职业教育和终身学习体系建设，实现新生代农民工积极自觉地"化"为城镇化进程中的现代市民。

第四节　终身职业教育体系保障机制

终身职业教育一直关注着人的发展，其保障机制对农民工群体而言十分重要，因为它不仅能让农民工获得一技之长、获得一份职业，还能协调个人自身发展与不同阶段职业变化之间的关系，为农民工个人的可持续发展创造条件。

一、保障机制

（一）法律保障

"受教育权"在我国已得到良好的普及，这就为学习权的提出奠定了基础。如今，传统教育已迈向终身教育，而"学习权"理念还停留在法理层面，缺乏系统的法律制度的支持与保障。简言之，公民的"学习权"保障既是构建学习型社会的出发点和归宿，同时也应当是一切教育法律与政策的重要内容。因为，只有通过立法方式进行顶层设计，才能使相关政府职能、管理方式以及教育机构的办学模式、办学理念、经费投入等一系列配套制度朝着实现公民学习权的方向发展。与此同时，"学习"作为现代社会人们的一项基本需求以及未来学习型社会人们的一种生存方式，应当成为成文法律所体现和保障的、每个社会成员都可以享有的一项基本权利。要充分保障新生代农民工的职业教育权利。职业教育权利是教育权的延伸，新生代农民工无疑拥有这一法定的权利。但是当前很多地方政府认为，新生代农民工是城市的"过客"，忽视了他们这一法定的固有权利，甚至是将这种教育权作是对新生代农民工的一种施舍，如对新生代农民工参加职业教育设置门槛，包括年龄、户籍、受教育程度、在城市工作年限等。从已颁布实施的《中华人民共和国宪法》以及《中华人民共和国教育法》《中华人民共和国职业教育法》等的有关条款表述看，仅指向受教育权。也就是说，我国关于学习权的法律赋予尚未完整，新生代农民工学习权在很大程度上仍不属于完全意义上的法定权利。从法律层面而言，考虑到学习权入宪的复杂性和长期性，建议尽快将与学习权有关的《教育法》《职业教育法》等部门法中的相关条款进行修订，增加对公民学习自由和个性发展方面的表述和规定。终身教育学习权利是目前国际社会所公认的一国公民应该享有的基本权利。美国、日本、韩国等国家更是相继出台了有关终身教育的法律和地方法规，以确保终身教育理念的推行以及政府终身教育政策的有效贯彻与实施。当前我国新生代农民工文化素质和职业素质普遍偏低是客观现实，在新型城镇化进程中只有充分保障新生代农民工的受教育权，才能确保其市民化成长，而法制是发展教育事业和促进教育公平的最根本保障。唯有法律制度的规范性、权威性、强制性，明确政府在新生代农民工终身职业教育中的主导地位，并建立相应的保障机制，才能切实为我国的新生代农民工终身教育提供法律支持，推动市民化进程中终身教育的发展。目前，上海等地区颁布了有关终身教育的地方性立法，但我国还没有国家层面上的终身职业教育立法。考虑到我国新型城镇化建设以及新生代农民工的市民化工作的紧迫性，当前我国亟待借鉴发达国家和地区的经验，加速立法工作，为农村劳动力职业教育终身化创造良好的发展环境，同时进一步完善地方性的法律法规，建立更符合地方实际、更具可操作性的保障体系。学习权的充分行使与有效保障对于改变该群体的弱势境遇、维护社会稳定和谐具有关键作用。

当前我国农村转移劳动力的文化水平和职业能力普遍偏低，在新型城镇化建设进程中只有法律才能充分保障农民工接受终身教育的基本权利，促进教育公平性。所以政府应该根据现状，修改《职业教育法》，以使其更好地为新生代农民工职业教育保驾护航；而且应该颁布新的有关农民工终身职业能力教育的法律，明确政府在新生代农民工终身职业能力提升体系中占据的主导地位，并颁布一系列保障政策，提供法律支持，推动终身教育发展。除了法律以外，还需要中央政府和各级地方政府，需要及时总结农民工终身职业能力提升体系中各种政策的实施经验，并且针对市民化进程中农民工在职业成长和职业转换过程中颁布更加详细、操作性更强的政策法规，保障新生代农民工终身职业能力提升体系的建立和有效运转。

（二）财政保障

从宏观上来看，推动新生代农民工终身职业教育需要动员全社会的力量积极参与，因此政府财政保障必不可少。具体而言，各级政府可以通过设立专项发展基金扶持和奖励各类职业教育参与主体，保障终身职业教育事业的有力推进。具体来说，可以参考其他专项基金的设立经验，在我国事业发展经费中单独设立"新生代农民工终身化教育"发展专项基金。专项基金可以由省级、市县级共同承担财政支出，同时为进一步拓宽资金渠道，还可以参考国外模式，吸引企业、行业协会、社会各类培训机构等社会资本积极参与投资，为新生代农民工终身职业教育的师资建设、基础设施建设以及相关经费开支等提供必要保障。同时，还应当成立专门的领导和协调机构，整合利用各类教育资源，为新生代农民工终身职业教育提供相应的组织保障。政府为农村劳动力培训提供相应的硬件设施，能够降低劳动力自我投资的成本，从而激发其自我投资的积极性；在求职市场上引入公平竞争的机制，有利于改善农村劳动力人力资本提升的环境，提高劳动力自我投资的回报率，完善人才上升通道。此外，还需建立健全在新生代农民工市民化成本分担机制，由政府、企业、个人多方共同参与，根据农业转移人口市民化成本分类，明确成本承担主体和支出责任，合理分担公共成本。政府要承担农业转移人口市民化在义务教育、劳动就业、基本养老、基本医疗卫生、保障性住房以及市政设施等方面的公共成本。企业要落实农民工与城镇职工同工同酬制度，加大职工技能培训投入，依法为农民工缴纳职工养老、医疗、工伤、失业、生育等社会保险费用。农民工要积极参加城镇社会保险、职业教育和技能培训等，并按照规定承担相关费用。

（三）创新政策调控保障

发展终身职业教育不仅是教育部门的职责，也是全社会的职责，需要社会其他部门的广泛参与及通力合作，需要调动各方的积极性、主动性。因此，要完成这项工作，除了需要法律的威严和强制性外，还需要政府提供政策上的支持。制订发展终身职业教育的总体规划以及分地区、分阶段、分步骤实施的具体目标和计划；建立跨部门的终身职业教育统筹管理机构；根据终身职业教育思想改革现有的各级各类职业教育，促进各级各类职业教育之间的沟通与衔接；整合、协调校内外一切职业教育资源，提高教育资源的利用率；扩大各种学习机会，尤其要增加非正规、非正式和非学历的学习机会；改革学习评价体系和资格证书体系，改革劳动就业和人事制度，激发社会成员的学习热情；明确社会各部门、各单位的教育职责，建立健全相关的奖惩制度，发挥社会各界参与终身职业教育的积极性，建立社会化、开放式的职业教育网络。具体可从以下五个方面入手：

第一，成立终身职业教育协调机构。终身职业教育协调机构应是推进终身职业教育的政府机构，由各级政府主要领导亲自负责主持工作，由来自社会各界的代表组成。该机构的主要职责是挖掘并整合正规教育、非正规教育、非正式教育这三股力量，统筹规划并合理配置各类职业教育资源，协调参与终身职业教育的社会各部门之间的关系，建立严格的终身职业教育考核评估制度，督促各政府机关、企事业单位履行它们各自的教育职责。

第二，强化教育主管部门职能。教育主管部门作为主管教育的行政机关，在推进终身职业教育过程中发挥着重要作用，承担着多方面的职能：加强与政府有关部门的协调沟通，促进职业院校与企业的联系与合作；制定统一的质量评估标准，保证终身职业教育的质量；为民间机构在发展终身职业教育方面的行动提供智力支持；利用政府专项经费发展和完善终身职业教育的基础设施；监督指导机关、企事业单位及各种社会团体的终身职业教育活动，并对社会上的非正规教育、非正式教育进行管理和调控，使之有序化、协同化、优质化。

第三，探索构建开放型学校。各级各类职业教育和培训机构是终身职业教育的载体，也是教育和学习资源最为集中的部门。因此，发展终身职业教育可以充分利用学校已有的场地、设备、图书资料、培训中心等教学资源。政府可以通过以"开放型学校建设补助金"的方式对各级各类职业学校进行专项资助，使各级各类职业教育资源向民众开放，提高学习资源的利用率，扩大社会成员参与学习和培训比例。

第四，建立健全"带薪学习期"制度。带薪学习休假是一项重大的工作制度和人事制度方面的改革，建立此制度的目的在于为员工的终身学习提供时间保证。这个制度可以面向具有稳定性工作的农民工。各单位可以根据本单位的实际情况为每个员工安排为期1~2周的学习假，学习假期间工资照发，员工可以根据工作需要或个人兴趣到相应的教育培训机构学习，也可以通过网络、广播、电视等远程教学的方式进行自主学习，但各种形式的学习结果都必须经过一定的考核。

第五，建设社区式的产业园区。过去30多年间，东部沿海地区大面积建设工业开发区，虽然有利于形成规模效应，但开发区内厂房林立，远离城区、学校、医院、商场等，便民设施非常少，难以发育成一个功能完备的城市社区。农民工在这类开发区中工作，仅是一个城市过客，根本无法参与城市生活。中小城市在推进新型城镇化的进程中，应该避免工业开发区带动城镇化的模式，建设社区式的产业园区，即居民小区、学校、医院以及商场等基础设施配套建设，让城市新移民不仅可在园区内工作，还可在园区内像市民一样生活。

（四）师资保障方面

目前，培训机构的师资还远远不够。我们应通过聘请行业企业的技术人员和专家作为新生代农民工职业教育培训的客座教师，建立各类教师资源信息库等方式扩充师资队伍。这部分师资来自生产一线，具有丰富的实践经验，可以更好地增强教学的针对性，提高培训的实效性。建立培训教师人才库。师资水平是直接影响职业培训效果的重要因素，终身职业培训体系要得到长足发展，优秀的师资队伍必不可少。主管部门可根据职业分类、职业技能标准和实际教学需要，从各级各类学校选聘教师，建立培训教师人才库和教师培训机制，充分保证职业培训的师资力量。职业学校的"双师型"教师因兼具从事理论教学和实践教学"双能力"素质的突出特征，是终身职业培训体系中培训教师的优秀人选。大力加强"双师型"教师队伍建设，可以为终身职业培训体系的发展奠定坚实的师资基础。师资水平是决定农民工职业培训质量的关键，因此，建设一批高水平的职业培训师资队伍，是职业培训有效供给的保障。在实际的农民工职业培训中，专职教师的理论知识和兼职教师的实践经验往往难以融合。因此，要提升双师素质不能采取简单的加法，局限于专兼职教师 1：1 或2：1的某种比例，而是要求师资队伍中的每个教师都要具备双师素质。这就需要政府、企业、院校三方合力打造"双师型"教师培养平台。首先，要促使专职教师定期到企业定岗实训，提高实操水平，切实掌握新技术。其次，要加强对兼职教师的理论培训，提高其课堂教学能力，实现理论与实践的融合提升，为职业培训的有效供给提供师资保障。最后，还可通过打造经验交流平台提升双师素质。定期组织新生代农民工职业教育培训交流会，让教师对教学实践进行反思，总结经验，扬长避短。 同时，还可搭建网络交流平台，将优秀经验和教学视频整合放到网络上，实现优质教学资源共享，专兼职教师多向互动互补，促进双师素质不断提升。

（五）物质条件保障

现有的职业技术学校、成人学校毕竟数量有限，要完成大规模的新生代农民工职业教育培训工作难度较大，可以依靠社会力量，采用政府购买服务的形式，鼓励社会其他培训机构参与农民工职业培训，但必须加强培训机构的资质认证工作。政府应努力创建新生代农民工职业培训基地，或在已有的培训机构中投入经费扩充场地和设备，也可挑选条件较好的大型企业作为农民工职业培训基地加以扶持，以解燃眉之急。

新生代农民工人力资本的开发依赖于终身职业教育体系，而这体系有赖于政府层面相关法律法规的保障及相应的资金支持，更重要的是农村劳动力的自我提升，因此在终身职业教育过程中引入学习自激励机制尤为必要。新生代农民工终身职业教育是一个长期的过程，包括知识的积累、知识的应用以及知识价值的最终实现。他们对接受职业教育的态度和个人努力程度是决定职业培训效果的重要因素，因此应当最大限度地调动新生代农民工的主观能动性，帮助其充分挖掘自身的潜能，获得自我认同，实现自我价值。同时，政府层面出台相应的制度是新生代农民工学习自激励机制构建的重要保障。

第八章　新生代农民工市民化的
终身职业教育质量与评价

质量是一切教育培训工作的生命线，因此，探索建立新生代农民工终身职业教育质量保障对策以切实保障职业教育培训的效果非常必要和急需。针对新生代农民工终身职业教育体系构建、运行和保障分析，还需要建立与之相配套的质量评估与保障机制，以确保学习成果认证的科学、公平、规范和效率。以新生代农民工终身职业教育满意度提升为目标，既要重视内部保障机制的建设，又要加强外部监督与反馈机制的设立。广大学习者、使用者的意见和体验信息，应该能够通过各种渠道反映上来，从而使服务对象更有针对性、目标性，更加以人为本，注重质量预评价方式的效果与适切性分析。

一、基本要求

（一）注重质量评价的"三个"结合

从政府与社会公众两个向度综合考虑，做到形成性评价与终结性评价相结合，显性评价与隐性评价相结合，短期评价与长期评价相结合。评价具有导向作用，新生代农民工的职业培训评价应具有全面性、科学性和发展性。要注意三个问题：一是形成性评价与终结性评价相结合。我们既要重视培训后对知识、技能的考核，职业资格、职业技能等级等相应资格证书的获得，也要重视培训过程中职业知识与职业技能的实际提升、职业道德与职业素养的不断完善以及自身的成长进步，使新生代农民工体会到职业教育培训的实效性，增强其参加培训的积极性。二是显性评价与隐性评价相结合。显性评价是对外显行为的评价；隐性评价则是对内隐态度的评价。我们既要考察职业培训后职业知识的掌握、职业技能的提升、职业行为的培养以及职业操守的遵守等显性评价指标，也要考察职业培训后职业道德的养成、职业理想的树立、职业态度的形成、职业素养的提高等隐性评价指标。相对而言，隐性评价更为隐晦，评价标准较难确立。三是短期评价、中期评价和长期评价相结合。短期评价着眼于本期、本次新生代农民工职业培训的现时效果；中期评价着眼于新生代农民工职业培训对企业效益的提升以及对新生代农民工待遇、职务晋升的影响；长期评价则着眼于新生代农民工职业培训对国家经济转型与产业升级、对企业长期发展以及对新生代农民工职业化的深远作用。只有具备长远眼光，新生代农民工职业培训才能站得更高、走得更远、做得更好，从而实现国家发展、企业发展与新生代农民工职业发展的同步前进。

（二）明确质量主体

新生代农民工终身职业教育质量保障的主体是指参与推动新生代农民工职业技能教育培训保障活动的承担者，主要由终身职业教育机构、政府和社会三方组成。政府是新生代农民工终身职业教育外部质量保障的重要主体，对整个职业技能教育培训质量保障工作进行宏观管理和调控。终身职业教育机构对外是质量保障的对象，对内则是质量保障的主体。作为内部质量保障的主体，教育机构要对自身的各项工作进行管理监督和自我评价，不断调试内部自我发展、自我约束的机制，使教育机构处于不断优化和完善的良性运行状态。新生代农民工终身职业教育机构内部的质量保障主体主要由管理者、教育培训人员及以新生代农民工为主的学员三方组成。管理者是教育培训机构各项工作正常开展、质量获得保障的必要前提，起着计划、组织、协调、控制等作用。教育培训人员主要负责培训工作的完成，制订计划、选择内容、技能传授、反馈改进等具体环节，教育培训人员都起着主导作用，是教育教学质量有效控制的主要主体之一。教育培训质量与效果的载体是接受培训的新生代农民工，他们参与的积极性是培训质量能否提高，教育培训效果是否明显的关键性因素，是内部质量保障的重要主体之一。

（三）评价标准在本质上对主体需要的反映

政府、社会、教育培训机构对新生代农民工终身职业教育培训的需要，集中体现在教育培训机构的教育培训目标上。教育培训行为与结果是否达到目标的要求是评价质量的最主要依据。评价活动一般通过指标体系来体现，终身职业教育培训质量保障涉及教育培训机构的教学、管理、实践、服务等各个系统，涵盖职业技能教育培训的输入、过程、输出各个方面。输入性指标包括目标定位、办学条件、文化环境等方面。目标定位主要指办学指导思想、发展目标、人才培养定位等，是教育培训机构达到规定质量目标的思想基础。办学条件主要指教育培训场地、实践设备、经费投入、师资情况等，是教育培训机构达到规定质量目标的物质基础。文化环境主要指学校的校园文化、学风、校风等，是教育培训机构达到规定质量目标的文化基础。过程性指标是反映教育培训机构工作状态和技能培训过程的指标，是教育培训机构达到规定质量目标的关键性环节，包括培训计划、教学培训管理、验收制度、教师管理等方面。输出性指标是反映教育培训机构质量水平的综合性指标，是学校能否达到规定质量目标的最终体现，包括学员（主要是指新生代农民工）在知识、技能、能力上的变化与发展，就业情况等方面。评价活动是职业技能教育培训质量保障的实施载体，可以通过职业技能教育培训机构自我审核评价，教育培训行业内互评以及政府定期审查评价等方式进行。值得注意的是，新生代农民工对接受职业技能教育培训的相关评价尤其重要，作为教育培训成果，他们的教育培训效果反映了终身职业教育质量保障机制的效果。教育培训内容如何、教授方式如何、教师水平如何等方面在新生代农民工那里有最直接的第一手的信息反馈，而由于新生代农民工自身局限和话语权的丧失，他们的质量评价往往不受重视。

二、存在困境

新生代农民工学习欲望强烈，但受多方因素影响，无法获取与其诉求相符的职业教育培训，目前的职业技能培训不仅无法满足新生代农民工的需求，更无法满足市场需要，职业教育培训发展不足，效果不显，质量堪忧。从全国范围看，对农民工的继续教育和职业技能培训普遍重视不够，投入不足，体制不顺。当前，为农民工提供稳定就业服务不是硬指标，又不能很快表现为政绩，往往不被一些地方政府和部门重视，对农民工群体的就业服务政策弱化，对农民工在城市创业的扶持更欠缺，国家下拨用于农民工教育培训的款项也只是杯水车薪。民办职业教育培训机构的自我发展能力不强，办学资源匮乏。一些教育培训内容设置与实践脱节，与农民工就业实际需求脱节，教学内容简化，超实用主义成为教育培训机构的必然选择。传统的教学方式难以为职业技能的获得提供保证，短期教育培训为主的教育又缺乏系统性。师资聘用把关不严，教师队伍普遍不稳定。企业培训具有针对性和实用性强的优势，但目前企业培训的积极性不高，为了压缩经营成本，不愿在培训方面付出过多的财力、物力和时间。同时，新生代农民工自身的局限性也导致职业技能教育培训效果不理想，质量不佳。农民工普遍工资较低，资金有限，从客观上导致他们教育培训意愿不强。工作时间长、强度大也阻碍了他们接受教育的积极性，而通常教育培训地点离他们工作生活区域较远，交通的不方便也降低了他们培训的积极性。新生代农民工在多数情况下是被动接受政府提供的培训，可选择空间不大，普遍感觉用不上，学了也白学。目前，信息渠道不畅通，教育培训信息缺乏，让他们找不到学校的相关信息，有心也无从下手。而年轻的新生代农民工对于网吧、游戏等场所普遍比较熟悉，面对同龄人的诱惑自制力不强，决策能力弱，接受教育培训的意志不够坚定，也让他们能静心接受培训难度很大，一定程度上导致了培训质量不高、效果不显。综合分析，质量管理与评价体系不健全，缺乏严格的对职业教育和培训机构的资质认定制度和监管手段，培训市场混乱，培训质量无保障，评价体制也不完善。主要表现在以下几个方面：

（一）质量管理目标模糊

政府制定的相关政策法规是涉及农民工终身职业教育培训的各部门、各机构所应遵循的规则标准和质量要求，是各部门、各机构应共同努力达成的统一目标。目前却缺乏有效的规划、监督、协调措施来整合新生代农民工职业技能教育培训体系，使整个质量保障机制在起点就运行不良。在新生代农民工职业教育培训质量保障机制中，培训的投入、服务的提供、权利的配置等方面实际是一个中央政府与地方政府、地方政府之间、政府与企业之间、政府与农民工群体之间的博弈过程。过程中力量对比、时间长短、合作与排斥等，都是影响新生代农民工教育培训效果的重要因素。地方政府对新生代农民工职业教育培训的重视不够，至今尚未制定农民工教育培训的具体计划以及配套的政策，也没有统筹农民工教育培训的专门机构，让下属单位、培训机构等没有统一行事准则，政府对培训结果只看汇总数字，对实际培训效果是否达到既定目标不甚在意。各部门对农民工的培训管理自成体系，由于缺乏有效的监督管理和激励制度，没有形成完善的培训网络，导致教育培训机构的短期化利益倾向严重，不以提升农民工职业技能水平为目的，而是采用垄断和专制手段，下指标、搞摊派，为了完成教育培训任务而培训，只注重教育培训的数量和规模，而不顾教育培训的质量、特色和效果，培训目标偏颇，培训资源浪费，培训质量难以提高。地方政府、教育培训机构和用人单位在教育过程中，往往各行其是，各自为政。目前实施宏观领导规划的是教育部，具体负责农民工教育培训的则是农业部和人力资源和社会保障部，因此，在教育培训工作实际开展过程中权责不清，形成了"五龙治水"、工作失效的尴尬现状，缺乏沟通，盲目性、无序性突出，整合难度大。

（二） 质量保障主体活力不足

职业教育培训机构自我发展意识欠缺，没有正确认识自身定位，发展视野狭隘。职业教育实践因脱离社会实际而跛足前行。在教育领域，如果把普通教育和职业教育当作社会前行的双脚，则跛足前行的现象一直存在，即职业教育先天弱小且后天营养不足，无法与普通教育相提并论。目前，中国农村职业教育与农民工职业技能培训是整个教育体系中最为薄弱的环节，处于教育资源分配的弱势地位。而在职业教育体系内部也存在一边倒的情况，更注重职业学校教育这一正统教育，忽略职业技能培训。职业院校教育很少将成人教育培训纳入学校教育体系中，没有充分发挥职业教育资源的作用。同时，职业院校仍然只关注那些没有职场经历的青少年群体，却忽视有教育与培训需求而没有诉求机会的新生代农民工群体。尽管职业教育与社会经济发展和市场需要密切相关，更受经济影响，但目前职业学校与社会的联系渠道缺失，转业培训、再就业培训、职后培训在职业教育体系内的比重极小，对这一市场进行发掘的也只在少数。同时，职业技能培训机构办学资源的匮乏，也导致了它自我发展能力不强。目前不少培训机构不同程度地存在着缺乏办学资源的问题。单个培训机构的收益取决于培训的价格及成本，职业技能教育培训机构为了降低运营成本，一再压缩场地、设备、管理、工资等一系列费用，这在一定程度上影响了教育培训质量，继而影响其在同行中的竞争力。我国目前颁布的有关农民工教育培训的文件，主要集中于农民工培训的措施和步骤，促进农村劳动力转移，缺乏有效的教育培训的配套保障措施，而且也没有针对新生代农民工群体的教育培训政策，削弱了新生代农民工参加教育培训的积极性。社会作为新生代农民工职业技能教育培训质量保障主体之一，主要以企业的形式参与。农民工的一个显著特点是流动性强，职业转化快，新生代农民工更甚。企业为培训买单却不一定能获得收益，因为教育培训作为人力资本投资，具有"溢出效应"，这使得企业对农民工培训持保留态度。为了避免新生代农民工工作关系不稳而造成的投资收益外溢，企业所提供的培训规模普遍较小。同时，企业对农民工进行培训，不仅增加了企业的运营成本，也增加了农民工的人力资本，增强了与企业谈判的资本与能力，造成企业主动权的损失。为了使利益最大化，企业都希望维持尽可能低的劳动力成本，所以，如果政府对企业的补贴资金不足以补偿企业培训农民工而承担的成本的话，那么企业培训的动力依然值得怀疑。另一方面，农民工主要集中在建筑行业与餐饮、商场等服务行业，他们只需从事简单的劳动，因此并不需要提供更多更细的生产技能性培训。新生代农民工职业技能教育培训的相关负责人介绍道，本地区的大多数企业，并不看重工人是否拥有职业资格证书，尤其是在近两年用工荒的市场大环境下，招工本就不易，何况企业流水线上大多属于简单重复劳动，岗前培训几个小时足以让工人独立操作，职业资格证书更显得无足轻重，因此企业教育培训农民工的根本动力基本上就没有了。

（三）质量评价不受重视

新生代农民工缺乏自我评价意识。要对新生代农民工职业教育培训质量保障机制做出价值判断必须建立一套质量保障评价标准，而评价标准本质上是对主体需要的反映。新生代农民工由于自身局限性对自身认识不到位，缺乏自我评价、自我发展意识。新生代农民工的受教育水平较老一辈农民工已有了很大提高，但初中文化水平仍占大多数，所受教育期限短，文化水平不高，难以科学分析当前经济社会发展和就业形势，希望获得更好报酬的想法使得他们频繁而盲目地转换工作，对自身能力与水平缺乏正确认识，对自身的职业与发展缺少合理的规划。目前，我国现有的农民工职业技能培训机构多数是以行政指令的方式来指定，缺乏竞争机制，因此这些教育培训机构的程度好坏不一。而且在教育培训过程中，政府对教育培训机构的培训过程、质量、效果均缺乏有效的监督考核机制，教育培训机构只要完成培训任务就行，不必讲究教育培训效果，很难保证其教育培训的有效性。同时政府也很少过问教育培训机构的具体操作流程、课程设置、师资情况、学生就业水平等各方面情况。同时由于缺乏竞争机制，各职业教育培训机构之间不会自发组织进行行业内互评以促进发展。自评是促进内部质量保证过程实施的有效手段，目前教育培训机构却很少进行自评，即便少数教育培训机构会进行自评，但由于自评的特殊性，很难做到评价结果既有批判性又有评价性，于是，质量评价成为空谈。由于质量评价的层次和重点不同，相应的评价标准也有所差异，对于职业技能教育培训机构就而言，其教育培训效果是体现教育培训的质量的重要标准之一。教育培训效果最终体现在接受培训的新生代农民工职业技能水平上，用人单位与新生代农民工对此最具有发言权，但整个农民工群体的弱势化导致了自身话语权的缺失。农民工为社会经济的发展繁荣做出了巨大的贡献，但同时他们也处于社会最底层。农民工弱势的处境与话语权的丧失让本就不受重视的职业技能教育培训进一步边缘化，这不仅造成农民工自身可持续发展的困境，更成了制约整个社会可持续发展的瓶颈。

（四）质量管理效率低下

新生代农民工在城市中难以生存，平等与尊重、理解与认可是他们内心最强烈的呼唤，但并不是每一位新生代农民工在城市中都能适应良好。对于目前新生代农民工需要了解的心理问题、法律问题等只字不提，对引导性教育培训不够重视。大多数的教育培训机构都知道目前接受教育的人员大多是年轻人，跟老一辈农民工有所不同，但却不会追究到底有何不同，怎样的教育培训内容与培训手段更适合这些新生代农民工，更不会根据新生代农民工的特征制定相应的教学计划。引导性教育培训主要是指关于法律知识、权益保护、城市生活常识等方面知识技能的教育。但目前不少现有教育培训内容过于片面单一，对引导性、综合性教育内容重视不够，欠缺关于法律、社会、人际交往等方面的知识素养的教育引导。随着我国现代化进程的加快，社会对农民工自身的素质要求越来越高。新生代农民工虽然具备一定的文化素质修养，但大多数人生活阅历尚浅，思想单纯，更缺乏安全意识的教育，缺乏自我发展的意识。这使他们难以提高自身在城市的就业层次和与人交往的范围，更难真正融入城市社会。

（五）质量保障的信息与反馈运行不畅

作为新生代农民工职业技能培训质量保障主体的政府、教育机构和用人单位在职业技能培训过程中，往往各行其是，各自为政，没有综合协调，缺乏必要的沟通机制，形不成良好的合作关系，不能发挥各自应起的作用。政府颁布各项法律法规指明教育培训农民工的大方向，并没有颁布细则来详细规定教育培训的模式、流程、应达到的效果等具体目标，让教育培训机构没有标准可依。并且，在新生代农民工职业教育培训过程中，政府对教育培训机构的教育计划、教育过程、教育效果缺乏有效的监督考核机制，导致教育培训机构只要完成教育任务就行，毫不讲究教育培训效果，更不用定时向政府反馈教育结果，而政府也很少过问教育培训机构的培训具体流程、课程设置、师资情况、学生就业水平等各方面情况，政府和教育机构两者间几乎没有对整个新生代农民工职业技能质量保障相关信息反馈的交流。访谈中了解到，每次上级部门检查时，上面马虎、下面应付，分管部门知道农民工教育培训存在较大困难，全市各地均如此，加之也没有一套细致具体的检查标准，因此对检查工作也就得过且过，更谈不上信息交换以促进教育培训机构的发展了。教育培训机构因为利益驱使，没有与市场以及新生代农民工形成三者间的信息交流与互动，缺乏科学的市场需求调研，只倾向于开设容易培训的项目及收入高的项目。而作为接受教育培训的新生代农民工群体，一方面对政府近年来开展的农民工教育培训了解不够充分，又缺乏教育培训信息及信息的正确引导，大部分人无法正确使用网络工具获取有效培训信息。

（六）具体教学评价层面，过分强调其就业率及上岗率，忽视了个体社会能力的评价

教育的根本宗旨是培养人的全面发展，不仅要实现个体的智力和基本技能的提高，同时还要注重个体的身心健康、人际交往、创造性思维、道德情操等方面的发展。因此，当评价职业教育培训的成效时，应当从整体的角度对教育进行评估和测算，而非单从就业率的角度进行考察。但从现实情况来看，尽快将新生代农民工推向劳动力市场成为职业教育培训的短期目标，就业率的高低成为衡量教育与培训成败的标志。众多研究表明，农民工在发展观念上存在群体间差异性，不同于老一代农民工仅关注经济收入的高低，个人的职业生涯发展以及享受城市中的市民化待遇、取得较高的工作生活质量也是新生代农民工所关注的焦点。

三、质量与评价的对策建议

新生代农民工终身职业教育质量保障机制由质量保障目标、质量保障主体、质量保障评价、质量保障管理、质量保障信息与反馈部分构成。因此，造成其保障机制运行不畅的原因也是多方面的。新生代农民工质量保障机制目标模糊，认识不清，办学力量各自为政。各职业技能培训机构发展意识欠缺、发展能力不强；政府相关支撑政策不够完善；社会对职业技能培训质量保障的参与不够导致了质量保障的各主体活力不足。质量保障评价不受重视，质量保障管理效率低下，课程设置不合理，缺乏针对性，教师队伍薄弱，质量保障的信息与反馈运行不畅，各部分之间沟通不良，都影响质量保障机制的水平和效果。因此，新生代农民工

终身职业教育体系质量与评价对策应从以下几个方面入手：

（一）要加强对新生代农民工职业教育培训资金使用的监督管理

在资金使用方面，由于监督机制不够完善，新生代农民工职业教育培训资金拨付后缺失相应的绩效考核的机制，有些单位、个人甚至还利用政策、体制方面的漏洞从中非法攫取私利。为避免此类事情的发生，政府应加强对职业教育培训经费使用的监管，对职业教育培训资金用途严格管控，防止有单位或个人非法从中牟利。为规范新生代农民工职业教育培训资金的使用效益和建立健全资金监管长效机制，应逐步推进农民工职业教育培训经费使用监管法制化。与此同时，要建立健全一套资金使用的绩效考评系统，将资金与绩效挂钩，以使有限的职业教育培训资金发挥最大功用。

（二）对新生代农民工职业教育培训机构资质要严格审查

得益于各级政府政策的引导和投入，加之新生代农民工对职业教育培训有着比较强烈的意愿和需求，催生新生代农民工职业教育培训市场的繁荣，社会上许多教育培训机构应运而生。但是，新生代农民工职业教育培训市场上这些数量繁多的教育机构，规模大小不一、水平高低悬殊、资质优劣不同，颇有泥沙俱下、鱼龙混杂的趋势。有些教育培训机构的条件、设施、师资较好，有些则资质较差，甚至有些是为获利而无认证的教育培训机构，这些机构既耽误新生代农民工，也为企业生产安全埋下隐患。所以政府应严格审查教育培训机构资质，清理市场中的培训乱象，加大新生代农民工职业教育培训的监管、惩戒和处罚的力度，以保障质量。

（三）改造和加强新生代农民工职业教育培训学校、培训机构能力建设

各级政府可以依托现有的各类职业教育培训机构，提升改造一批高质量、高规格的职业教育培训机构和技能实训基地，改善和提升它们的基础设施、设备、师资，鼓励大中型企业联合技工院校、职业院校、普通高校建设一批新生代农民工职业教育培训机构和实习实训基地。同时，支持一批职业教育培训优质特色学校和示范性中高等职业院校建设，充分发挥其在新生代农民工职业教育培训中的

核心作用。

新生代农民工职业技能培训的根本目的在于提高其人力资本质量，增强其职业适应性和市场竞争力。因此，在具体教育培训过程中，要坚持以市场为导向，就业为目标，企业为依托，突出培训实效性。职业技能培训机构要改变传统的低层次的、单一性的技能培训，选取能够满足新生代农民工教育需求的多门类、多层次的教育培训内容，以适应产业升级对劳动者素质结构的要求。进一步强化市场与教育培训机构之间的信息沟通，争取企业的合作与支持，建立并完善企业与培训机构间的合作制度，不仅能为新生代农民工参加培训提供时间、金钱、就业上的保障，还能实现职业技能培训与就业的良性对接，克服教育培训与需求脱节的问题。新生代农民工职业技能培训质量管理的另一个重要方面是师资队伍的建设。职业技能培训机构要对培训师资的来源渠道、质量规格、专业结构等严格把关，同时也应对教师的待遇、奖励、职称评定等方面做出相应的激励措施，激发他们的积极性，确保师资队伍的优质稳定。同时，培训师资不仅要掌握扎实的理论知识，还要熟练掌握企业新技术，同时了解农民工生活及实际需求，这样才能保证教育培训工作务实有效，让农民工学有所获。教育培训机构应该加强与企业的合作，鼓励教师到行业和企业中挂职锻炼，及时掌握生产一线的新技术和新工艺，同时要聘请企业中的能工巧匠担任兼职教师，直接参与到培训工作中，有针对性地开展各种教育培训工作。

（四）完善细化新生代农民工职业教育培训质量保障激励机制

必须尽快建立和完善一套新生代农民工职业教育培训保障激励机制，以此来促进新生代农民工职业教育培训工作的进行，并提升职业教育培训的质量。为此，企业和用人单位应该自觉将工资标准、薪酬待遇与职业技术资格、职业技术等级挂钩；政府应给予获得技术资格、职业资格、学历的新生代农民工一定比例的学费减免、颁发荣誉证书、开辟（城镇）户口绿色通道等奖励，以此激励他们积极主动接受职业教育培训。政府还应出台适当的激励政策或措施，对在新生代农民工职业教育培训中做出突出贡献的企业、单位和个人给予物质上的和精神上的双重奖励，以此引导和鼓励社会各界参与农民工职业教育培训。明确新生代农民工职业技能教育培训质量保障目标的同时要落实新生代农民工职业技能培训责任，完善并认真落实全国农民工培训规划。劳动保障、农业、教育、财政等部门要按照各自职能，各司其职的同时相互配合，切实做好农民工培训工作。建立农民工职业教育培训的专门负责机构，协调处理各职能部门与各教育培训机构在职业教育培训工作中的关系，克服"五龙治水"、效率低下、内容重复的管理格局。强化用人单位对农民工的岗位培训责任，对不履行教育培训义务的用人单位，应按国家规定强制提取职工教育培训费，用于政府组织的培训。充分发挥各类教育、培训机构和工青妇组织的作用，多渠道、多层次、多形式开展农民工职业培训。对新生代农民工进行职业技能教育培训的同时更应关注他们的精神，注重引导性教育培训。引导性培训可以通过多种途径、多种形式灵活开展，例如印发宣传资料、提供相关咨询服务、充分利用广播、电视、互联网等手段，并可以在开展农民工职业技能培训的同时，将有关引导性教育培训内容融入其中。引导性教育培训的内容应着重在以下几方面：一是法律知识、自身权益保护、安全生产、心理健康等方面的内容，帮助新生代农民工文化素质和综合素质的提升，以帮助他们在城市更好地生活和发展；二是社会公德、职业道德等方面的教育，使新生代农民工的思想观念、道德水准符合现代城市发展的步伐；三是加强城市适应性教育，使之尽快与城市相融合，引导他们破除封闭保守的小农意识，逐步树立自立、竞争、合作、创新的新精神；此外，应将创业教育纳入培训内容体系中来，通过创业心理品质、创业知识和能力的相关培训，进一步增强新生代农民工的自主发展能力，满足其创业需求，促进其尽快完成从农民工到新市民的转化。

（五）借鉴国际通行做法，购买新生代农民工社会职业教育培训成果

政府购买社会服务是当今国际社会比较通行的做法，中国政府近年来也在努力跟上国际潮流，正逐步扩大政府购买社会服务的领域和支出。为调动教育培训机构的积极性，政府鼓励有资质、声誉好、实力强的教育培训机构，依据政府的要求开展新生代农民工职业教育培训，经过验收合格的，政府向其支付相应的教

育培训费，并确保这些教育培训机构能挣到钱，有一定的利润空间。坚持市场化原则，这是政府购买服务的基本原则，新生代农民工职业教育培训服务也是一样。新生代农民工职业教育培训服务购买的市场化原则主要有两种方式：一是个人自主接受教育培训。政府通过购买服务的方式指定（认定）一些教育培训机构，由这些教育培训机构按政府的要求提供众多的教育培训项目，符合条件的新生代农民工根据自身的实际和现实需要，自由、自主地选择教育培训项目，接受职业教育培训，以提升综合素质和技能水准。二是委托集体教育培训。从新生代农民工现实诉求、用工单位需求以及自身实际出发，政府将新生代农民工组织起来，邀请有关专家和技术人员为他们集体培训，或者由政府委托教育培训机构，由这些机构组织农民工集体培训，政府对教育培训的质量和效果进行考核和监督，在培训结束后，政府对教育培训效果进行考核鉴定和综合评价，合格后按照事先的约定支付教育培训机构相应的教育培训费用。

（六）职业技能教育培训机构要更新观念，转变教育思想，完善进行自我评价，促进自身发展，真正承担起农民工教育培训这一社会责任

充分利用现有资源，积极面向广大农民工，开展多种形式的职业技能培训，提高办学的社会效益。同时引入竞争机制，在各教育培训机构间进行行业内互评，促进职业技能培训整体的发展，彻底转变传统的培训观念和模式，不能坐等农民工主动来参加教育培训，而是要想尽一切办法请农民工来参加培训。要教育和吸引农民工认识到接受教育培训的好处，激发其参加培训的主动性，全面提升农民工的整体素质。同时也可通过制定新生代农民工职业技能教育培训的激励政策和考核机制来调动用人单位和新生代农民工个人投入农民工培训的积极性。企业可以绩效考核为调控手段，建立按技能和绩效差异适当拉开档次的薪酬机制，引导和激励农民工参加职业技能教育培训，提高操作技能，提升工作绩效。新生代农民工自身要转变旧有思想，勇于认识自己、表达自己，学会为自己需求发声，拿自身话语权，对职业技能培训提出实际的建议和意见以符合自身需要。同时政府要加强国家职业资格证书制度、劳动准入制度、就业制度等相关支撑政策的改革，

并强化劳动准入制度的管理，促使职业培训适应市场需求与国家经济发展的需要。劳动部门应加大对各项制度实施的监督检查力度，确保新生代农民工职业技能教育培训走上制度化、规范化终身化的道路。

（七）建立畅通的保障质量信息与反馈渠道

政府应该充分重视新生代农民工职业教育培训的质量信息与反馈，带头搭建信息平台，加强与教育培训机构和企业间的沟通合作，使三方能够发挥各自优势、加强协作与交流，实现资源整合、信息共享。政府要进一步完善相关政策措施，制定职业技能教育培训实施细则，设置职业技能培训质量标准，进行全面质量管理。同时政府应设立专门的监督管理部门，定期听取教育培训机构情况汇报，定期检查其工作，指导、监督和考核教育培训的目标任务和工作进度，充分掌握培训机构实时信息，促进培训机构自我内涵发展。职业教育培训机构与企业两者间要保持良性互动，互通信息，以便培训机构掌握市场需求，着重根据企业诉求对新生代农民工进行职业技能教育培训，以避免教育培训内容的滞后与重复。了解新生代农民工的教育培训需求，提供符合他们实际需要的教育培训内容是新生代农民工职业教育质量保障机制的重要环节。目前由于市场不健全，信息反馈渠道不通畅，仍有大量的农民工得不到所需的教育培训信息。政府要尽快建立健全与教育培训市场相关的信息服务制度，根据市场的需要，定期发布各类职业需求和职业技能方面相关信息，教育培训机构应多做市场调查，随时更新培训内容，与时俱进。同时，可以利用广播电视、新闻媒体等大众传媒，开设职业需求和职业技能要求方面的信息栏目，不仅能帮助农民工了解有关教育培训信息和劳动力市场供求信息，还可以进一步研究分析用工需求，并对未来几年经济形势、产业结构进行分析，帮助农民工根据自己条件选择就业方向和就业培训内容，让相关信息的传达和反馈更及时有效。有条件的还可以在输入城市建立农民工需求数据库，输出地建立劳动力供给信息库，并加强相互之间的协作与沟通，及时收集整理有关信息，建立劳动信息网络，实现输入地与输出地双方共赢。因此，只有明确新生代农民工职业教育培训的总体目标，细化落实责任，充分发挥各保障主体的作用，完善质量评价与质量管理并建立畅通的信息与反馈渠道，才能将新生代农民工职业教育培训质量保障工作落到实处，才能使整个质量保障机制有效运行。

（八）健全第三方评估监督机制

缺乏教育培训过程的有效监督和教育培训后的跟踪服务与反馈机制，是影响新生代农民工职业教育与培训效果的重要因素，提升教育培训含金量的关键是进行具有社会认可度的可靠性技术操作。在此可借鉴德国职业教育"双元制"发展中的做法，成立由政府职能部门、企业、雇员、教育培训专家代表组成的第三方评价机构，独立开展培训效果评估，结合受训人员的意见和培训主体及社区、工会、志愿者等培训相关方的信息多层次交叉评价，引导新生代农民工培训的良性开展。此外，建议引入教育培训第三方评估服务，由大中院校、科研机构研制科学的测评方法和测评工具，帮助企业、教育培训机构开展员工职业素养评估，通过第三方评估的方式诊断农民工教育培训质量和成效。

主要参考文献

［1］国家卫生与计划生育委员会流动人口司.中国流动人口发展报告（2018）［M］.北京：中国人口出版社，2018.

［2］中华人民共和国统计局.中国统计年鉴（2017）［M］.北京：中国统计出版社，2017.

［3］国家卫生与计划生育委员会流动人口司.中国流动人口发展报告（2016）［M］.北京：中国人口出版社，2016.

［4］国务院研究室课题组，等.农民工调研报告［M］.中国言实出版社，2006.

［5］联合国教科文组织国际教育发展委员会.学会生存——教育世界的今天和明天［M］.北京：教育科学出版社，1996.

［6］［法］保罗·朗格朗.终身教育导论［M］.北京：华夏出版社，1988.

［7］李培林.当代中国城市化及其影响［M］.北京：社会科学文献出版社，2013.

［8］杨海燕.城市化进程中的职业教育发展研究［M］.青岛：中国海洋大学出版社，2008.

［9］马克思恩格斯选集（第1卷）［M］.北京：人民出版社，1995.

［10］邬巧飞.人的城镇化及实现路径研究［J］.求实，2015（2）.

［11］褚宏启.城镇化进程中的教育变革——新型城镇化需要什么样的教育改革［J］.教育研究，2016（5）.

［12］俞启定.统筹城乡发展战略指导下的职业教育改革［J］.教育研究，

2012（4）.

[13] 李中建，郭晴. 职业技术教育——破解新生代农民工向上流动过程中矛盾的关键 [J]. 职业技术教育，2016（11）.

[14] 霍丽娟. 终身教育理念下现代职业教育体系构建的思考 [J]. 中国职业技术教育，2015（15）.

[15] 张吉先，胡国良. 新生代农民工终身学习素养研究 [J]. 中国成人教育，2017（6）.

[16] 马建富. 新型城镇化进程中农民工人力资本提升的职业教育培训路径 [J]. 教育发展研究，2014（9）.

[17] 王利娟. STC 理念下美国职业教育最新改革探析 [J]. 职业技术教育，2013（26）.

[18] 金业文. 农村劳动力转移培训迁移效果及其影响因素 [J]. 河北大学成人教育学院学报，2017（7）.

[19] 周蔚，朱燕菲. 终身教育主体探析 [J]. 终身教育研究，2018（01）.

[20] 周永平，石伟平. 论终身职业教育 [J]. 中国职业技术教育 ，2017（5）.

[21] 李玉静. 走向2030：UNESCO 战略框架下全球职业教育发展趋势 [J]. 现代教育管理，2017（7）.

[22] 扈新强，赵玉峰. 流动人口家庭化特征、趋势及影响因素研究 [J]. 西北人口，2017（6）.

[23] 贺丹. 新时代乡村人口流动规律与社会治理的路径选择 [J]. 国家行政学院学报，2018（3）.

[24] 刘玉侠. 农村流动人口再城镇化的社会支持探析 [J]. 人口学，2015（2）.

[25] 夏璐. 分工与次序 ：家庭视角下的乡村人口城镇化微观解释 [J]. 城市规划，2015（10）.

[26] 汪继业. 从限制到融合：改革开放以来党的农村人口流动政策的演变 [J]. 湖南行政学院学报（双月刊），2015（6）.

［27］苏红键．促进新型城镇化与乡村振兴联动实现城乡共荣［J］.中国发展观察，2018（10）

［28］王通．联根式流动：中国农村人口阶层分化与社会流动的隐蔽性特征［J］．求实，2018（05）．

［29］王春光．农村流动人口的"半城市化"问题研究［J］.社会学研究，2006（5）．

［30］黄蓉，郑爱翔．农民工市民化进程中的终身职业教育保障机制研究［J］．成人教育，2017（07）．

［31］王瑞民，陶然．"城市户口"还是土地保障：流动人口户籍改革意愿研究［J］.人口与发展，2016（4）．

［32］赵周华．中国农村人口变化与乡村振兴：事实特征、理论阐释与政策建议［J］.农业经济管理，2018（4）．

［33］蒋和平．实施乡村振兴战略及可借鉴发展模式［J］.农业经济与管理，2017（6）．

［34］陈坤秋，王良健，李宁慧．中国县域农村人口空心化——内涵、格局与机理［J］.人口与经济，2018（1）．

［35］冯奎．推进城乡融合发展要"立""破"并举［N］.经济日版，2019—05—15.

［36］余臻蔚，郑爱翔．学分银行视角下农村转移劳动力市民化进程中终身职业教育模式创新［J］.教育与职业，2017（9）．

［37］张琳琳．新生代农民工教育与培训的目标定位研究［J］.职教论坛，2013（02）．

［38］梁卓欣，欧阳意．新生代农民工职业化及职业培训协同研究［J］.教育与职业，2019（06）．

［39］贾建锋，闫佳祺，孙新．发达国家城镇化进程中农民工职业教育培训对中国的经验借鉴与政策启示［J］.现代教育管理，2017（01）．

［40］董文娟．澳大利亚职业教育与培训的终身教育理念意蕴［J］.职教通

讯，2017（31）．

［41］马吉帆，曹晔.法国现代农业职业教育体系及对我国的启示［J］.职业技术教育，2012（22）．

［42］汪锋.现代职业教育服务新型城镇化战略的路径［J］.教育与职业，2015（16）．

［43］邓文勇.职业教育与新型城镇化的联动逻辑及实现路径［J］.中国职业技术教育，2019（27）．

［44］唐羚，郑爱翔.市民化进程中新生代农民工终身职业能力提升体系构建研究［J］.成人教育，2018（09）．

［45］唐燕儿，王思民.新生代农民工终身教育体系构建与运行——基于广东省新生代农民工的调查［J］.终身教育研究，2017（08）．

［46］唐踔.构建新生代农民工职业教育培训质量保障体系［J］.继续教育研究，2016（09）．

［47］杨燕.新型城镇化进程中农民工市民化现状调查——基于内生性因素的视角［J］.职业技术教育，2017（06）．

［48］何锋.新生代农民工市民化的现状、挑战与对策［J］.农村经济与科技，2019（09）．

［49］何思颖，何光全.终身教育百年从终身教育到终身学习［J］.现代远程教育研究，2019（01）．

［50］Natalia Magnani. Adult vocational training for migrants in North-East Italy ［J］.International Migration，2015（3）．

［51］Bart H.H.Golsteyn and Anders Stenberg. Earnings over the Life Course：General versus Vocational Education［J］.Journal of Human Capital，2017（2）．

［52］Yaw Owusu-Agyeman. Expanding the frontiers of national qualifications frameworks through lifelong learning［J］. International Review of Education，2017（5）．

［53］United Nations.World Urbanization Prospects：The 2014 Revision［R］. New York：Department of Economic and Social Affairs/Population Division，United Nations，2014.

［54］Tan，Charlene. Lifelong Learning through the SkillsFuture Movement in Singapore：Challenges and Prospects ［J］.International Journal of Lifelong Education，2017（3）

［55］肖晓．新生代农民工职业技能培训质量保障机制研究［D］．西南大学，2012.

［56］郑雨佳．城镇化视角下农民工职业教育研究［D］.哈尔滨商业大学，2017.

［57］余卓芮.农村人口流动趋势与村落结构演化方向［D］.河南大学，2013.

［58］张军霞．新型城镇化进程中农民工职业培训的政策供给与制度变革［D］.陕西师范大学，2017.

［59］孙波．城乡经济社会一体化背景下的农民市民化问题研究［D］.西北大学，2011.

［60］吕德文．走好城乡融合发展之路［N］.人民日报，2019—05—13.

［61］李小鲁．新时代新任务：完善职业教育和培训体系［N］.中国教育报，2017—12—12.

［62］马德富．重塑城乡关系，促进城乡融合发展［N］．湖北日报，2018—07—30.

［63］国家统计局发布：2016—2018 年农民工监测调查报告．［EB/OL］http：//www.stats.gov.cn/.

［64］国家卫生和健康委员会发布：中国流动人口发展报告 2017.［EB/OL］http：//www.nhc.gov.cn/.

后 记

本书主要是通过收集新生代农民工教育培训的主题文献，查阅政府官网和相关统计资料，访谈地方政府相关管理部门、教育培训机构和新生代农民工等，比对英国、德国、美国、日本和澳大利亚等国劳动力转移中的职业教育培训的经验，总结新生代农民工教育培训的启示与借鉴，梳理改革开放以来经济社会发展中政府对农民工市民化政策演进，并分析共性与个性问题，充分利用终身教育、人力资本和再社会化等理论基础，分析当前新生代农民工教育培训存在的主要问题，提出构建"政府一元统筹、三元融合（经济组织、教育机构和社区组织）"四位一体的新生代农民工终身职业教育体系，探索推进多元主体融入协作的运行机制，强化激励举措和有效的监管，政府管理机构统筹引导经济组织、社区组织和教育机构三者融合推进开放、系统、多元协作的新生代农民工终身职业教育体系有效运行。从供给主体和需求对象两方实施激励，关键在于给新生代农民工自主赋能机制，推行以终身职业教育需求对象为内生动力的激励机制。终身职业教育体系构建运行的最终落脚点是要落实到需求对象个人身上，面向劳动力市场发展变化和职业类型发展的新趋势，立足于新生代农民工个人长远发展的实际需求，不仅要从外能赋予新生代农民工的市民化，更多从他们内生动力机制和个人终身职业学习领域认定的接续机制上及流动性学分银行入手，让外能和内能协作机制充分发挥作用，全面促进新生代农民工内生性市民化的发展。

职业教育和培训是新生代农民工职业转换中的关键。应该积极探索职业教育培训新模式，建立健全终身职业教育体系，创新更多的适合本地区实际的路径策略，对新生代农民工融入居住地城市，对城市的产业结构调整升级，对新型城镇化建设也具有重要意义。很多学者都调查论证了职业教育培训对农村劳动力转移的作用和启示。我们构建新生代农民工终身职业教育体系，旨在形成新生代农民工教育培训的外力推动与个体主动的双向增能途径。终身教育培训干预在通过外力推动增能的同时，需要充分培养进城务工人员自我赋能的主体能动性，形成该群体自我维系、自我发展的状态，由此保障教育培训效应的长期可持续性。

当前职业教育顶层设计和应有社会服务功能还没有充分发挥出来，职业院校在新型城镇化建设中迎来了新的机遇。现代职业教育不仅是一次学历的终结教育，更为人的职业生涯发展设计"成长路线图"。在终身学习制度框架下，职业院校应从单纯的学龄人口教育转向统筹兼顾学龄人口和社会人员接受终身职业教育的需求，这有利于职业院校从"就业导向"到"生涯导向"的价值转变，有利于促进职业院校在生源渠道、人才培养模式等方面内涵式发展创新。

在国家大力推进的新型城镇化和乡村振兴战略中，有些区域出现了"回流式"市民化、城乡人口自由流动，甚至是少数"逆城镇化"等现象，城乡融合发展中如何让农村人口带着综合技能素质合理双向流动是今后面临的重要课题。展望未来城乡发展，农村流动人口规模大是城乡发展中的基本国情，地区发展情况千差万别，近五年虽然按照常住人口统计的城镇化率仍在不断上升，但外出农民工的增速却已明显放缓，这也说明城镇化和乡村振兴战略远比想象的复杂，随之农村流动人口的治理对策难度加大，以终身教育理念为支撑的新生代农民工终身职业教育机制构建，不少层面仍然需要深入研究。应以促进新生代农民工的市民化为终极目标，以改革创新农村转移劳动力职业教育模式为导向，以多主体职业教育参与为途径，以全方位激励制度为动力，以政府政策支持、健全相关法律法规为保障，本着内生性发展和自我赋能发展角度，从而为有效推动新生代农民工的市民化、促进新型城镇化和经济社会发展提供可持续性智力支撑。